NF文庫
ノンフィクション

海軍敗レタリ

大艦巨砲主義から先に進めない日本海軍の思考法

越智春海

潮書房光人社

海軍敗レタリ——目次

第一章　日米開戦

世界最初の機動部隊　11
山本五十六の大バクチ　18
動き出した計画　24
準備は進む　31
海軍の無責任的症状　38
陸軍のゴリ押し　44
茶番劇の日米交渉　53
遅れた宣戦布告　60

第二章　真珠湾攻撃と南雲機動部隊

サイは投げられた　67
機動部隊発進　75
奇襲成功　82

第一波攻撃　93
第二波と特殊潜航艇　102
反復攻撃決行せず　107
目標を誤った機動部隊　113
時代遅れの戦術思想　119

第三章　戦線の膨張

タスク・フォース　125
ジャワ島の攻防　133
スラバヤ沖海戦　139
バタビア沖海戦　147
インド洋作戦　153
泥縄式の戦争指導　162

第四章　運命の二海戦

空母「祥鳳」の沈没　171
相打つ機動部隊——サンゴ海海戦　181
ミッドウェー作戦発動　189
根拠なき自信　195
連続する錯誤　202
三空母の最期　209
「飛龍」の奮戦　215
全員上陸禁止　222

第五章　ガ島をめぐる消耗戦

第一次ソロモン海戦　227
甘すぎた見通し　235
第二次ソロモン海戦　239
米軍の電探射撃　246
第二師団の攻撃　253
決戦を求めて　259
南太平洋海戦　265
最後のあがき――第三次ソロモン海戦　274

あとがき　279

海軍敗レタリ

大艦巨砲主義から先に進めない日本海軍の思考法

第一章　日米開戦

世界最初の機動部隊

昭和十六(一九四一)年四月十日、日本海軍は、世界ではじめて機動部隊を編成した。それまでに海軍の編成としてあったのは航空戦隊で、これは普通、航空母艦二隻を基幹とし、駆逐隊を一隊随伴していた。

このほかに基地航空隊があり、日支事変中、重慶《チヨンチン》、成都《チヨンツー》、崑明《クンミン》などに対して渡洋爆撃を敢行していたのは、この基地航空隊であった。

新編成の機動部隊というのは、在来の航空戦隊三個を基幹とするもので、それに支援部隊として、速力の早い重巡洋艦以上の〝戦隊〟を付け、別に水雷戦隊(駆逐艦数隻)と哨戒隊(潜水艦)および補給隊(油槽船)を配した、艦船約三十隻という大艦隊であった。その最初の編成はつぎのとおりである。

一、空襲部隊（機動部隊司令長官直率）
第一航空戦隊＝（空母）「赤城」「加賀」
第二航空戦隊＝（空母）「蒼龍」「飛龍」
第四航空戦隊＝（空母）「龍驤《りゅうじょう》」

十月十九日にいたり、第四航戦を除き、かわりに突貫工事で新造した「瑞鶴《ずいかく》」「翔鶴《しょうかく》」の二空母を持つ第五航空戦隊が加わる。右の最終的編成による空母六隻の搭載機数はつぎのとおりである。

戦闘機　常用機百八　補用機十八
爆撃機　常用機百二十六　補用機十八
攻撃機　常用機百四十四　補用機十八
合　計　三百七十八　五十四　〈総数〉四百三十二機

二、支援部隊（第三戦隊司令官・三川軍一中将）
第三戦隊＝「比叡」「霧島」（巡戦改造戦艦、砲力、速力大）
第八戦隊＝「利根」「筑摩」（重巡、高速、航続力大）
三、哨戒隊（航行時および飛行機発着時の警戒にあたる）
第一水雷戦隊＝軽巡「阿武隈」（第一水雷戦隊司令官・大森仙太郎少将）を旗艦とする駆逐艦九隻。
四、哨戒隊（艦隊のはるか前方を哨戒航行する）

第二潜水隊（司令・今和泉喜次郎大佐）＝イ号潜水艦三隻

五、特別任務用の破壊隊

第七駆逐隊（司令・小西要人《としひと》大佐）＝駆逐艦二隻。――これは「ミッドウェー破壊隊」となった。

六、補給隊

第一補給隊＝油槽船五隻

第二補給隊＝油槽船三隻

機動部隊というのは俗称で、右の膨大な新編成艦隊は、正式には〝第一航空艦隊〟と呼ばれていた。

機動部隊の編成を一瞥してわかることは、航空母艦を中心としていることで、従来の海戦思想からは一歩、飛躍したものである。

明治建軍以来、日本海軍の兵術思想は〝大艦巨砲主義〟であった。主力艦を中心として、敵艦隊と堂々たる〝決戦〟をまじえ、最後のとどめを刺す――という戦術がすべてを律していた。

明治四十二年決策の「帝国国防原則」によって、日本海軍の仮想敵ははじめてアメリカとなった。一方、偶然か諜報活動の成果からか、アメリカでもこの年、日本を仮想敵に決定し、真珠湾を太平洋艦隊の根拠地としている。大正年代に流行した〝日米もし戦わば〟式の大衆読物に見られたように、大艦隊を擁するアメリカの基本戦術は、いわゆる輪型陣による大渡洋作戦であった。これをむかえうつ日本海軍の戦術は、敵の渡洋途中において、奇襲その他あらゆる方法手段を用いて、その大戦力を漸減させ、最後の主力艦隊どうしによる決戦には、少なくも双方互角――なるべく当方が優勢な戦力――をもって臨み、一挙に敵を撃滅しよう、という戦術思想が根本になっていた。これがほとんどマンネリ化していたところに問題がある。

このため、空母を中心として右のような大艦隊を作り出す、そのことからして、海軍の〝金科玉条〟からは逸脱したものとして、容易に実現しなかったのである。というのは、当時はまだ飛行機だけで巨艦を撃沈破することは不可能だ、と信じられていたからである。つまり航空機は決戦兵力ではなく、迅速な機動力をもって奇襲し、敵に部分的な損害を与え、敵戦力の〝漸減〟をはかる攻撃兵器としてだけ、飛行機は重要視されていたのであった。そういう性格の航空戦隊に、戦艦級の艦までつけて遠方へ出動させ、もし敵の主力艦群以下から反撃されれば、取りかえしのつかない艦艇の損失を招き、最後の大決戦に結集すべき兵力が不足してくる――という考え方である。この〈最後の大決戦〉に固執しつづけた日本海軍の愚かしさは、連合艦隊の壊滅、敗戦という歴史的事実をもって証明することになった。

ところで、この世界最初の機動部隊をひねり出したのは、山本五十六海軍大将であった。山本は周知のように、対米戦争については反対論者の一人であった。しかし、いま世上に流布されている〝山本五十六像〟は、多分につくり話めいた、神話的な人間像でしかない。本当のところは――たぶんそうではない。典型的な海軍軍人で、もちろんアメリカとの戦争を回避しようと努力した一人ではあったが、いよいよとなれば、むざむざ負けるようなことはないと、相当の信念は包蔵していたものと思われる。もし日本の敗戦を予想していたのなら、山本には開戦阻止のため、もっと別の手段があり得たにちがいない。「死を賭して戦ったが、政局は陸軍のゴリ押しで、山本の念願とは逆の方向に流れた」などというのは、現代の社会情勢を利用して、その〝山本五十六伝〟を、なるべく多く売り上げようとする、宣伝文句にすぎない。

山本がそういう政局の中枢で活躍したのは海軍次官時代で、日独伊三国防共協定を〝三国同盟〟に発展させようとする、陸軍と外務省の主勢力に大いに対抗したことをさしているのである。しかし、その当時の海軍大臣は米内光政で、軍務局長は井上成美であった。この米内も井上も三国同盟には大反対の人物である。次官の山本が賛成するはずもないし、反対するのが当然であった。この三人の猛反対には、陸軍（大臣は板垣征四郎。次官は山脇正隆。軍務局長は町尻量基）も有田八郎外相も手を焼き、ついに昭和十四（一九三九）年八月十六日、平沼騏一郎内閣の総辞職にまで発展した。このとき平沼首相は、有名な「欧州の天地は複雑怪奇なる新情勢を生じた」という名文句を残して辞職したが、それは百鬼夜行していた日本の政界を諷刺した名言でもあった。何が複雑怪奇なのか……。

当時、日本の政体は二重構造になっていた。政府が国政の最高権威機関ではなく、別に統帥府という独立した権威があった。この両者が天皇に直属しており、政府だけの意志では重要問題は何一つ決定できなかった。統帥府というのは、陸軍の参謀本部、海軍の軍令部の二つで、陸軍参謀総長、海軍軍令部総長の二人は、総理大臣といえどもみだりに干渉することのできない、天皇直属の機関であった。旧軍人たちが掌中の珠《たま》としていたこの〝統帥権〟こそ、国政を複雑怪奇にした怪物である。

陸海軍の大臣は、国務大臣としては内閣に属する一方、それぞれ参謀本部・軍令部へも片足を突っこんだ存在で、これが政府の政策を実質的に左右する厄介至極な存在であった。また、この軍部の両大臣は、現役武官でなければ任命できないという特権（昭和十一年五月、陸海軍大臣の現役制が復活）があり、内閣の政策が気に入らなければ大臣を出さない、という〝伝家の宝刀〟を握っていた。このため自然に、歴代政府は軍部の意のままに政治を行なう、という事態になっていた。

こういうことで平和政策を期待できるはずはなく、満州事変以来、一連の大陸政策、その他対外交渉のほとんどは、外務省よりも、戦争屋の陸海軍省が主に動かしていたのである。「海軍は平和主義であった」などというのは、今になっていうことで、海軍も相当のものだったのである。しかしけっして陸軍と足並みを合わせていたわけではない。むしろ、ことごとに対立していた。それは、陸軍があまりに侵略的だったからだというわけではなく、世界各国とも共通している陸海軍の対立が、日本では特に強烈だったまでのことである。

陸海軍の縄張り争いとは別に、両者には致命的な政策の相違があった。陸軍の仮想敵はソ連であり、海軍はアメリカを仮想敵にしていた。そこで両者の世界戦略は根本的に相反していた。陸軍は対ソ政略上、独伊との提携を強化してソ連に当たろうとするのに反し、海軍では対米英配慮上、なるべく米英を刺激しない政策をとるので、ドイツなどと無用な同盟をして、米英の反感を高めては百害あって一利ない、という考えが一貫していた。

三国同盟は所詮、対米英戦争への道である、と海軍は見ていた。これは正しかった。そこで、三国同盟に反対するのは、なにも海軍次官・山本五十六だけの卓見だけではなく、全海軍の意志だったのである。つまり、たまたま海軍次官という地位にいたので、山本は反対論者の代表者みたいな状態になったまでである。このときの反対論の急先鋒は、軍務局長の井上だったといわれている。それなのに、多くの〝山本五十六伝〟では、このため、山本暗殺の計画などがやかましくなり「海上へ逃がすため」連合艦隊司令長官にしたということになっている。これは海軍部内の複雑怪奇さを知らぬ人々をバカにした説明でしかない。

この連合艦隊司令長官というのが、また世界に類例のない特異的職域であった。これも天皇直属の官職で、艦隊内の主要人事に関しては、長官と海軍大臣が合議の上、決定することになっていたが、実際は長官の意志を海軍大臣がそのまま認めているにすぎなかった。作戦に関しては軍令部総長の指揮を受けるたてまえになっていたが、これも実兵を掌握している連合艦隊司令長官の意見が、ほとんど無条件に通っており、日本海軍の基礎的戦略に関する件でも、ほとんど長官に決定権があった。

では、政府の決定する重大事項に関してだけは、長官は蚊屋の外に置かれていたのかというと、これもそうではない。重要事項というのは〝いずれは戦争に関連すべきこと〟にかぎられていたが、三国同盟というような件は当然、長官に無断で海軍側の意見を決定することはできなかった。海軍首脳部会議というのがそれで、長官は重要なメンバーの一人であった。

　昭和十五（一九四〇）年九月、三国同盟が決定した当時の海軍大臣は及川古志郎大将であったが、もちろんこのときも、山本長官は瀬戸内海の艦隊根拠地から上京して、この最終決定の会議に参列している。あとになって「猛反対しようと考えていたのだが、発言する時間がなかったので――」では通用しないのである。いやしくも連合艦隊司令長官ともあろう者が、発言させてもらえなかったとは、考えようがない。そんな重要なことを決定するのに、時間をきって結論を出すはずはないのである。この点は、従来の〝山本五十六像〟を訂正する必要があると思う。

　ともかくも山本五十六は、待望の連合艦隊司令長官に就任した。待望――というのは、海軍士官の大部分の者のあこがれは、海軍大臣や軍令部総長になることではなく、全海軍を統率して、帝国海軍の実行動を指揮する、この連合艦隊司令長官だったからである。山本が長官になったのは、昭和十四年九月で、そのときの第三戦隊（戦艦「金剛」「霧島」）司令官は南雲忠一少将であった。南雲は、その年の十一月十五日中将に昇進、翌年十一月一日、海軍大学校長に転出していたが、この南雲中将を新編成の第一航空艦隊の司令長官に抜擢したのである。

山本五十六の大バクチ

昭和十五（一九四〇）年九月、日独伊防共協定は一歩前進して、ついに三国同盟となった。このときすでに日米戦争は約束されたのも同然で、連合艦隊司令長官としては、何らかの〝必勝法〟を発見しなければならなかった。

さきにのべたとおり、日本海軍の伝統は大艦巨砲主義で、あくまでも戦艦中心の最後の決戦を求めることが戦術思想の根底をなしており、まず優勢なアメリカ海軍をその渡洋途中に〝漸減〟させなければならない。海戦における戦術の要訣は、まず「先制・集中」である。そこで敵戦力漸減のため、まず時と場所を選定して「先制・集中」攻撃を加えるのが、勝利への要訣である。その〝時〟をいつにするか〝場所〟をどこに選定するか――これが山本長官のもっとも頭を痛めたことであった。それさえ決定すれば、麾下《きか》の精鋭が猛然と奇襲を敢行し、日米兵力のアンバランスを均等にできるはずであった。

昭和十六年の海軍記念日（五月二十七日）、海軍報道部長・平出英夫大佐は「われに艦艇五百、飛行機四千あり」と発言して、内外をあっといわせたが、当時の海軍戦力は、大体つぎのとおりであった。航空母艦八、改装空母二、水上機母艦二、戦艦十、巡洋艦四十一、駆逐艦百十五、潜水艦七十五、特務艦四十五、補助艦三十九、掃海艇その他百三十六。合計四百七十三隻。総トン数百四十六万六千余トン。艦上機七百、陸上機千五百、練習機九百、合計三千百機。これはアメリカ海軍には及ばないものの、イギリスを超えて、世界第二の戦力であった。数字の上では第二位だが、猛訓練につぐ猛訓練で、多少の兵力不足はカバーできるというのが、また日本海軍の自慢の一つでもあった。

開戦当時の敵兵力は一切不明だったが、昭和十三年ごろの海軍航空隊の保有数を見ると、
米国＝艦隊随伴四百五十五機。陸上根拠地配備のもの百八十二機。

日本＝艦隊随伴二百十機。陸上根拠地配備のもの百九十機。

英国＝全部で二百五十機。

イギリスに対しては「まったく不安なし」であり、アメリカに対しては、搭乗員の技量と精神力で何とかなるのでは、と思いこんでいたらしい。そのため、〝月月火水木金金〟式の猛訓練が日本海軍の伝統となっていた。要するに〝五・五・三〟の艦艇保有比率が強要されたロンドン会議以来、日本海軍では、装備の不足を訓練精度によってカバーしようという考えが、主流であった。

それは悪いことではない。しかし、そういう平時の武備が、そのまま戦時の国力のすべてであるかのように、いつの間にか思いこんでしまうところに、未曾有の敗戦を迎える一大要素がひそんでいたのである。生産補充力という巨大な要素に目をつぶって、一機で二機を消耗させればよいなどという皮算用を、大の男がマジメに考えていたとは！　一機で二機どころか、五十機、百機をやっつけても、結局は日本空軍はゼロに近づき、アメリカ空軍は日ごとに増加していったのである。

そういうことは、開戦前にはほとんど予想されなかったことで、山本長官からして、まず致命的な一撃を加えて、アメリカ艦隊の大削減を実現しさえすれば、あとは日本海軍の優位のままに戦局の主導権を維持できる——ということを前提にして、その大削減を加える方法

の案出だけに没頭していたのである。

その漸減戦法を加える第一地点として、山本長官が選定したのが、アメリカ太平洋艦隊の根拠地、ハワイの真珠湾であった。攻撃時期は――アメリカ艦隊が戦闘行動を開始する直前。すなわち日本の宣戦布告直後がもっとも効果的である。その大根拠地には、米戦艦主力の大部分が集結しているはずであった。

もちろん、その他の地点についても、さまざまに検討してはみたが、どれもみな不確実であった。が、ハワイまでは直距離にして約七千キロ以上ある。しかもアメリカ太平洋艦隊の中核根拠地で、日本の瀬戸内海に匹敵する金城湯池である。この奇襲作戦は、一歩を誤まれば奇襲部隊の全滅ともなる危険をはらんでいた。

昭和十五年前期の連合艦隊の訓練は、従来の「小笠原―マリアナ諸島」の決戦線を「東カロリン―マーシャル諸島」の線に推進して、航空戦闘に重点を置いて実施されていた。この航空戦に重点を置いての猛訓練の最中、山本五十六の心中に破天荒な〝ハワイ奇襲〟の考えが湧きおこったらしい。というのは、その前期訓練も終わりに近いある日、参謀長の福留繁少将に向かって、

「ハワイを航空攻撃できないかなァ」

と質問しているからである。これが山本五十六がはじめて口にした〝ハワイ奇襲〟に関する言葉で、そのときは質問というより、ほとんど独語に近かったと伝えられている。

「航空攻撃をやるくらいなら、全艦隊がハワイ近海へ押しかけて、全力決戦を強行した方が

よろしいでしょう」

と、六年間軍令部で作戦研究をやっていた福留繁参謀長は即答した。ハワイという遠隔地に対しては、潜水艦による攻撃しか方法はない、というのが当時の常識であった。それだからこそ、アメリカ側でも安心して、大艦隊を常時停泊させていたのである。しかしその反面、だからこそ奇襲の成功する希望もかけられる、ともいえた。

山本提督はそれきり無言だったが、翌昭和十六年早々、第十一航空艦隊の参謀長・大西瀧治郎少将に、「航空戦力によるハワイ攻撃の研究」を依嘱した。もちろん連合艦隊参謀長の福留繁には相談の上である。大西少将は航空戦術の一方の雄で、山本長官の腹心の一人だった。この難題を依嘱された大西は、第一航空戦隊の参謀・源田実中佐に、実際の研究・立案を命じた。命じたといっても、指揮系統外のことであるから、当時の航空界のホープ源田中佐に「この難題の解決策をプランしてみてくれ」というようなことだったらしい。

ここではじめて難題解決の歯車が始動した。源田は苦心の末「真珠湾攻撃計画」なるパンフレットを作り上げた。これこそ前人未踏の難作業で、はなはだ不完全なことはもちろんであった。このパンフレットは、山本長官から早々に軍令部へ提出された。このとき福留少将は軍令部の第一部（作戦部）長に転出しており、直接には大西少将がパンフレットを携行上京し、福留作戦部長に手渡した。

「これは、長官の了承ずみだから、軍令部作戦部の金庫に保管しておいていただきたい」

との口上だったらしい。しかし連合艦隊の前参謀長で、その計画立案の過程では、ともに参画し合っている両人のことだから、実際の話し合いは相当つっこんだ内容のものであった、と断定できる。

こうして、不完全きわまる源田中佐の一試案を基礎として、さっそく第一航空艦隊の編成に着手したわけで、海軍大学校長に就任して半年目の南雲中将を、初代艦隊司令長官に抜挙したのである。南雲は海兵三十六期、水雷学校を出て〝水雷屋〟（駆逐艦乗り）を選んだ海軍士官で、日本海軍の伝統的思想〝肉を斬らして骨を斬る〟戦法ばかりを研究してきた猛将の一人であった。水雷屋――水雷戦隊というのは、日清戦争の威海衛《いかいえい》攻撃、日露戦争の旅順《りよじゆん》奇襲、および日本海海戦の大夜襲など、常に肉迫攻撃を敢行するのが専門の部隊であった。ハワイ奇襲の根本精神――殴りこみ戦法――には打ってつけの司令長官ということになるが、何しろ実際の戦法は航空戦であるから、南雲提督ではデリケートな部分の応急処置は期待できない。そこで、航空界のエキスパート草鹿龍之介少将を、南雲長官の参謀長として配した。

草鹿は南雲の五期後輩、根っからの航空専門家で、昭和三年当時、軍令部の航空主務参謀として、基地航空隊建設計画に参与した俊才である。上海事変には空母「鳳翔」の艦長として活躍、その昭和十二年十二月、支那方面艦隊参謀副長として、揚子江遡江作戦を直接、指導している。昭和十四年十一月、空母「赤城」の艦長になっており、終始一貫航空界を歩いていた。

昭和十二年八月の南京、南昌などにはじまった渡洋爆撃は、草鹿が軍令部の航空主務参謀としてプランし、推進したもので、海軍基地航空隊の実戦力を証明した一快挙であった。「赤城」艦長時代には、すでにヨーロッパでは第二次世界大戦がはじまっていたし、日米戦の接近も痛感されていたので、日支事変に出動する一方、すでに将来の太平洋作戦を前提とする猛訓練を実施していた。昭和十五年十一月、少将に昇進し、第二十四航空戦隊司令官に転補。パラオを根拠地として基地航空隊の戦術・実技を研究し、雷撃および高度爆撃の命中率を飛躍させたという。

こういうおあつらえ向きの参謀長を配したほか、航空参謀として、第一航戦の参謀をしていた源田実中佐を挙用した。例の「真珠湾攻撃計画」の起草者で、当時〝源田サーカス〟と騒がれていた名パイロットの一人である。

こうして第一航空艦隊は昭和十六年四月十日に発令され、翌十一日、南雲長官は旗艦「赤城」に中将旗を掲げた。しかし、その世界最初の〝機動部隊〟が、いったい何を目的として新編成されたのかについては、まだ南雲中将も草鹿少将も、一向に気づいてはいなかった。ただ航空参謀の源田中佐だけが「あるいは……」と、感じていたに過ぎなかった。

動き出した計画

第一航空艦隊の参謀長に発令された草鹿少将は、まず大本営その他へ着任の挨拶に出向いた。当然、軍令部第一部長の福留少将のところへも出かけた。この二人は、福留の方が海兵は一期先輩だが、海大は同期で、特に親密な間柄であった。

形どおりの挨拶などは抜きで、「やあ」「やあ」と手を動かし合ったのだが、福留はその手で卓上の一冊子をつかみ上げ、無雑作に草鹿の前に放った。「おい。ちょっとこれを見ておけ」という。

草鹿が一瞥すると「真珠湾攻撃計画」との表題だ。きらッと草鹿の目が光る。福留は、そしらぬ顔で別の書類に目を通している。草鹿は〝布袋《ほてい》〟の異名がピッタリする風貌で、のそっと冊子を手に取り、ぱらぱらめくる。条項だけを拾い読みしたらしい。

「これは、作戦計画ではないな」

「うむ」と、福留が向き直った。

「米軍の状況は丹念に収集してあるが、これでは作戦計画とはいえん。これは、真珠湾情況調査書だ」

「なるほど」福留ははじめてにっこり笑い、「それをひとつ、きさまの手で仕上げてみてくれ」

二人はしばらく視線を合わせていた。福留の眼底には、相当強い意志がある。

そうか……と、草鹿はすべてを悟った。第一航空艦隊という強力な編成の意味が、草鹿参謀長にははじめて了解されたのである。

草鹿は机上に置いた真珠湾攻撃計画を、しばらく無言で眺めていたが、やおら取り上げ、「南雲長官と相談の上……」といって辞去した。

艦隊司令部で草鹿参謀長がパンフレットを取り出しても、当の起草者・源田航空参謀はそしらぬ顔でいた。

草鹿参謀長から真珠湾攻撃のパンフレットを提示された南雲中将は、非常に驚いた。南雲も軍令部にいた前歴があり、当時は、そのようななかば賭博的な計画は、一片も存在しなかったからである。おいおい草鹿の説明を聞いてみると、どうも山本連合艦隊司令長官一人の発想から、突然パンフレットにまで急進したものらしい。「これは、あまりにバクチ的だ」と南雲がいえば、草鹿も――「米海軍を漸減させる手段として、先制集中の奇襲戦法からいえば、なるほどハワイ攻撃というところまで行く考え方はあり得るが、諸般の条件を総合して判決すればぽ、ハワイという一点に、比較的大戦力を集中使用することは、どうも最終的手段とは認めがたい」という。

「航空参謀の意見は？」と、南雲長官が問うと、

「大体、米英の策謀に乗せられて、対米六割の艦艇しか保持していない日本海軍が、もしこの一挙で失敗するような結果を招くと、いよいよ爾後の戦闘は苦しくなるでしょう」

当の立案者たる源田まで、はなはだ自信のない返答であった。

「とにかく、大西が立案したものだから、当人とよく合議してみましょう」

と、草鹿少将がひとまず結論した。

こうして草鹿と大西の合議がはじまった。大西は福留と海兵同期で、草鹿より一期先輩であった。しかし海兵時代からたがいに認め合っていた親友で、ともに航空畑を進んだことから、いっそう肝胆相照らす間柄であった。それだけ他人には遠慮することでも、ずばずば話

し合えるわけだ。二人は、この作戦計画については相当激論し合ったようで、当時、かなり評判になったほどである。

こうして、いよいよ問題が公式になってくると、軍令部内の関係幕僚たちも反対しはじめた。賛成する者は、まるでいないのだった。

当時の賛否両論の大勢を一括すると――、

賛成論＝新しく南方に作戦を起こすと、アメリカ太平洋艦隊の存在は、日本の作戦区域の横ッ腹を脅威するもので、とうてい南方作戦の遂行は不可能である。開戦劈頭まずハワイを粉砕することは、この難条件を一挙に解決するばかりでなく、米国民の戦意を喪失せしめ、逆に日本国民の戦意を二倍に高揚する効果がある。

反対論＝主作戦方面たる南方に兵力を集中使用するべきだ。万一、失敗すれば全戦局を危《き》胎《たい》におとしいれてしまう。そもそも作戦自体が、あまりに投機的に過ぎる。

これは両方とも道理至極の主張で、実際には賛否両論というより、反対論の方が圧倒的だったのである。

しかし、全艦隊の一切の統率者たる山本五十六長官は、すでに決心していた。「日本の狭い国土と、必需物資の供給能力、それに国民性とを考え合わせると、あくまでも速戦即決の一手である。アメリカを相手に、だらだら長期戦をやっていたのでは、とうてい日本は勝てない」というのが、ワシントン駐在武官として、長年アメリカで過ごしていた山本長官の信念であった。もともと対米戦争そのものに勝ち目を感じられない山本だからこそ、窮余の一策としてハワイ奇襲を考え出したともいえるわけで、この「いちかばちか」に成功しないかぎり、所詮、戦いの前途は真っ暗だ、と考えていたに違いない。

そうとは知る由もなく、草鹿・大西の両少将は、徹底的に討論の末、ようやく「不可能に近い」との結論に達し、それぞれ所属の長官（大西は第十一航空艦隊＝基地航空隊＝司令長官・塚原二四三中将。草鹿は南雲長官）に報告、同意を得た上で、二人そろって山本長官を訪れ、結論を説明した。同席したのは山本長官、宇垣纒《まとめ》少将（連合艦隊参謀長）ほか一、二名だった。

席上、大西・草鹿の両人は、ずいぶん失礼なことまでしゃべりまくったらしいが、山本は終始無言、笑顔を崩さず傾聴しており、最後に一言、「僕がいくら将棋好きだからといって、まァそう投機的、投機的というなよ」と笑い「両君の意見は、たしかに一理ある！」と、大きくうなずいただけであった。

両少将は、ほっとして、別れの挨拶をのべ、帰途についた。長官は黙って甲板に出る。一同驚くなかで、舷門まで見送りに出た。これは異例のことだった。草鹿と大西は、それとなく顔を見合わせ、これは……とばかり恐縮するだけ。内心では長官は了解してくれた、と両人とも感激していた。

いよいよ舷門で別れるとき、山本は草鹿の肩をたたき、静かに話しかけた。

「君らのいうことはまったく道理至極だ。しかし本計画は、本官としての信念だ。誰もやってくれなければ、本官が一級さがり、米内大将に連合艦隊の指揮をとってもらい、自分が作戦部隊を直接指揮してみる決心であるから、もう一度、南雲長官に相談してみてくれんか。もし引き受けてくれるのなら、計画も実行も一切、君に一任するからね」

草鹿は脳天を一撃された感じで、一瞬、全身がほとんど硬直していた。ややあって、無意識に挙手礼しながら「長官ッ。今後一切、反対は申し上げません！　全力を傾注して、本計画の実現に努力致しますッ」と答えてしまった。

理性よりは情緒に流されてしまう――こういう問答は、まさに日本人的である。その功罪は、しかし簡単には評論できない。

物事には〝理外の理〟というものがある。それは、結果からさかのぼって論証すれば、それなりの合理性を見つけ出すことができる性質のものであるが、未来に対して決断する場合には、未知数の部分が重大なウェイトを占めているケースである。歴史上の英雄・達人と、多くの敗者との分岐点は、じつにこうしたデリケートな、ある一瞬の感動――または決意――にかかっている場合が多いのではあるまいか。

また山本は、一時は、南雲長官の更迭を考えた、とも伝えられている。この場合の後任者は、たぶん南雲忠一の海兵一期後輩、小沢治三郎であったろう。小沢は当時無二の俊才といわれていた男で、その勇猛ぶりは海軍部内随一との定評があった。開戦当初、海軍の主力がZ作戦（ハワイ奇襲）に集中使用されたとき、小沢は貧弱な南遣艦隊の司令長官として、陸軍のマレー奇襲上陸作戦の支援に、マレー沖海戦の強行に、まさに獅子奮迅の大活躍を見せる猛将である。

草鹿から山本長官の決意を伝えられた南雲は、奮然、やる気になった。南雲忠一ときに五十六歳。一身をこの一挙に投げ出そうと、一大決心をかためたのである。

こうして世界最初の機動部隊、第一航空艦隊の初動大任務は一決したのである。南雲はただちに連合艦隊旗艦「長門」を訪れ「長官。お引き受け致しました」と、ただ一言告げた。

草鹿参謀長、大石首席参謀、源田作戦参謀らは一致団結して、やっと本格的に作戦の研究、部下の訓練に着手した。これが五月になってからのことだった。

ここで、源田中佐が抜挙した飛行機搭乗員の総指揮官が、淵田美津雄少佐である。淵田と源田は海兵同期で、このとき淵田は第三航空戦隊の参謀をしていたが、源田の信頼にこたえて「赤城」の飛行隊長となり、第一航空艦隊に属する空母六隻の飛行機、約四百機の総隊指揮官となった。しかし、この大部隊の指揮を一少佐にまかせたことで、各空母艦長とか航空戦隊司令官の少将などは、内心面白くなかったといわれている。

それはそれとして、淵田少佐以下の猛訓練は、さっそく開始された。何が何でも、この一挙で所望の戦果をあげるためには、まず攻撃員の技量を向上するよりほかはない——という考えだ。なみ大抵の腕前では、実戦に臨んでも成果は上げ得ない。訓練地には、鹿児島湾内の桜島が選ばれた。ハワイの地形に類似しているからだった。真珠湾の水深は浅いので、極端な低空雷撃の猛訓練であった。鹿児島市の上空を高度四十メートル前後で飛び、城山の上空から岩崎谷めがけて急降下し、谷間を縫って旋回飛行、海岸に出ると高度五メートルという超低空で、湾内の漁船めがけて雷撃の訓練を反復した。驚いたのは鹿児島市民だ。連日そ

う いう超低空の飛行機が乱舞するのだから、何となく異様さを感じる。しかし「そら。また海軍さんナ曲芸飛行がはじまりもッした」とばかり、見物するぐらいのもので、もちろん、遠大な計画などを勘ぐる者はいなかった。肝心の搭乗員たちも、何のための猛訓練なのか、一向に聞かされていないのだから、まさかハワイ攻撃の訓練だとは、誰一人気づいてもいなかった。この機密は最後まで、非常に厳重に守られた。

飛行機の高度計は十メートル刻みだから、五メートルといえば本人のカンだけが頼りだ。こういう訓練は世界にも類例のないことであった。もっとも、実際は高度二十メートルで発射できればよいということらしかったが、しかし訓練ほど恐ろしいものはない。第一航空艦隊の爆撃教導機は、操縦・佐藤飛曹長、爆撃・金井上飛曹であったが、この機は命中率百パーセントという成績をあげ、山本長官から賞状を付与されている。南雲長官ももちろん、ひまさえあれば訓練を視察、激励していた。

準備は進む

九月十三日、海軍大学校で特別研究会があった。これは特に計画されたものではなかった。毎年の恒例行事で、海大では九月十日からの三日間、全艦隊、鎮守府、要港部の各司令官が、おのおの幕僚を同伴して集合し、新年度の作戦計画にもとづく、各担任作戦の研究を実施することになっていた。ほとんどが図上演習であった。

その軍令部総長の統裁する図上演習が終わった九月十三日、連合艦隊司令部提案として、このハワイ奇襲作戦に関する特別研究会が開かれたのである。軍令部総長と山本長官は退席し、連合艦隊からは宇垣参謀長以下の幕僚、軍令部からは福留作戦部長以下の作戦課員、南雲艦隊は長官以下の全幕僚が参加し、総員三十人ほどのメンバーであった。この図演の結果、問題になった点は、つぎの諸点だった。

一、機密が完全に保持されるかどうか……これは、ハワイ方面へ大艦隊が向かう途中、外国船に一隻でも出会ったが最後、機密は暴露するものと考える必要があった。
二、三千カイリの航海では、洋上給油の必要があるが、冬季の北洋上で、それがはたして可能であるかどうか。
三、水深十二メートルの真珠湾で、はたして雷撃ができるのかどうか……従来は、少なくとも水深二十メートルを必要としていた。
四、湾内に二列に並んで停泊している米艦に対して、内側に位置する艦に対しては、魚雷を使えないから、爆撃による以外はない。

以上の結果を、福留作戦部長から報告された永野修身軍令部総長は、「どうも、きわどいやり方だねえ」と唸り、賛成しかねるムードだったという。

しかし、準備は着々と推進された。

まず、一撃必殺の趣旨にそって、五百キロ爆弾では充分でないことがわかり、戦艦の主砲弾として生産された四十センチ砲弾（八八式徹甲砲弾）を爆弾（九九式八百キロ徹甲爆弾）に改造し、これを高度三千メートルから水平爆撃に使用することとした。これでアメリカ戦艦の装甲を貫通し、艦内の主要部分を爆破できるはずであった。

魚雷は、九一式魚雷改三型という浅海用の新型を開発した上、航空本部の愛甲部員が考案した安定器を装着した。これは尾部に取りつけるもので、空中と水中に共通して作用する安定器であった。これによって、高度二十メートル前後から発射すれば、沈下を十二メートル以下に食いとめることができた。また、この安定器の一大特長は、認定深度（四〜六メートル）にいたるまでの距離を、大いに短縮し得たことである。これらの改造作業は佐世保工廠において急いで実施されたが、予定期日の十一月二十日までには、百本の魚雷を準備することが間に合わず、最後に佐世保を出港した「赤城」「加賀」が運び、集結地のエトロフ島単冠《ひとかっぷ》湾で各艦に交付された。

攻撃日は日曜日の朝とした。米艦隊は週末には入港する習慣だったのである。そこで、日曜早朝に攻撃するためには、飛行機の発艦に便利な月夜がよいというので、十二月七日（日本時間では八日）の朝と決定した。これが日本の開戦日を決定したわけである。

当初、ハワイへの進航コースは三つあった。南方コースは、南洋の日本海軍基地をフルに利用できるが、ジョンストン、パルミラなどのアメリカ基地からも発見されやすく、その他、一般外国商船とも出会う公算が多かった。中央コースはもっとも船舶の航行が多く、これはとうてい利用できない。北方コースは発見される危険は少ないが、十二月の気象は苛烈で、東または北東の風が毎秒十メートル前後の猛烈な勢いで吹いており、給油も、洋上で実施するのが困難である。しかも、このコースがもっとも遠く、艦隊がはたして同時に目的地へ到着できるかどうか、はなはだ疑問だった。

以上の各コースを検討した末、アメリカの諸基地を避け、ハワイの直接哨戒圏を避け、なるべく一般船舶の航海しない海面で、かつ洋上給油の比較的容易なコース——という条件で、北緯四十度付近を東進、ミッドウェーの哨戒圏の北方を迂回し、ハワイ北方洋上で転針南下する航路を選定した。

洋上給油法の訓練も反復され、大型艦は小型油槽船を曳航して給油を受ける航法、巡洋艦以下の小型艦は横曳法（波の静かな場合）または油槽船が艦を曳航しての給油法をそれぞれ訓練し、各艦とも大体自信を得た。艦隊が発進するための集結地は、従来の軍港・要港を避け、人目のない千島列島・エトロフ島の単冠湾とした。このため、艦隊の入湾以前に、砲艦「国後《くなしり》」を先行させるとともに、同地の郵便局の事務を一時停止させ、出入船舶は一時抑留した。

最後までハワイ攻撃に同意しなかった永野修身軍令部総長も、十月十九日、連合艦隊首席参謀・黒島亀人大佐の要請で、ついに同意した。いよいよ迫った開戦期日を前にして、永野大将も山本五十六の「大バクチ」に期待したのかもしれない。じっさいそれ以外には日米戦争の見とおしは、まったく暗澹としていたのである。

その三日前、東条英機内閣が発足していた。対米交渉の行きづまりで、まったく時局収拾のつかなくなった第三次近衛文麿内閣が瓦解すると、海軍の求めたものは、三国同盟を廃棄し得る強力内閣の出現であったという。

　永野大将が軍令部総長に就任すると、福留繁は連合艦隊参謀長から軍令部第一部長に転用された（昭和十六年四月）が、着任後間もなく、陸海軍の両軍務局長および第一部長の会合があった。その席上、福留はいきなり二つの問題を提議した。
　一、三国同盟の廃棄。
　二、中国大陸からの撤兵問題。
　この二大問題こそ、日米交渉を暗礁に乗り上げさせている二つの柱であった。しかし、四年あまりの歳月と、莫大な国費を注入して日支事変を戦っている陸軍としては、撤兵などのできる道理がなかった（この大陸撤退については、途中で解決のチャンスはあったが、日本政府は取り逃がしてばかりいた）。

　しかし、三国同盟の方は、ドイツの宣伝に躍らされた感が深く、陸軍は全面的にドイツにノボセていたが、海軍はドイツそのものを信用しておらず、反対しつづけていた。特に日本の利益にかかわることも介在せず（海軍の見解）、いたずらに米英を刺激するばかりだから、百害あって一利ない――とまで断定していた。

　ここで三国同盟だけでも廃棄すれば、対米交渉はいくらか前進するものと、海軍側では考えていた。そこで福留少将の発言となったもので、きわめて熱心に説いたが、誰一人意見をのべようとせず、会合の空気は非常に気まずいものとなった。

散会後、海軍軍務局長の岡敬純少将が、「三国同盟の問題だけはいってくれるな。この問題は、どうにもならぬ事情にある」と、福留に懇願した。そこで福留は「近衛内閣では、どうにもならぬのだな」と解釈したという。

また永野総長は、独ソ戦勃発（六月二十二日）の翌七月末、対米問題に関して天皇に呼ばれたとき、「三国同盟には反対である。同盟が存続している以上、日米の国交調整は不可能である」と、はっきり進言している。

こういうふうに、海軍では、まず三国同盟を廃棄して、日米国交をなるべく調整しよう、というのが、たしかに一般の風潮ではあった。対米戦争の主役は海軍である。その海軍が避戦しようと懸命になっているのに、ろくに双方の戦力比も知らない陸軍が、ゴリ押しに開戦の方向へ妄進したのも奇怪なら、それを指をくわえて眺めていた海軍の神経も、尋常なものではない。やがては、非力を承知で死闘しなければならなくなるのは、海軍自身、いや日本そのものなのに……。第三次近衛内閣の倒壊した時点では、実はもはや大勢の挽回は不可能に近かった。海軍が漫然と、「同盟を廃棄できる強力内閣の出現」などを望んでいたとは、とうてい考えられない。

はたして、組閣の大命は東条に降った。このとき憲兵政治の首魁東条は、海軍の協力なしには開戦に踏みきれないのがわかっているので、重臣連中をそそのかして一芝居うっている。というのは、東条を宮中に呼び出すとき、及川海相をともに呼び出し、「海軍は東条内閣に協力せよ」との言葉を、天皇から発言させているのである。これで海軍は非常にやりにくくなった。永野総長以下は「重臣は戦争をするつもりなんだ」と、がっかりしたという。何を今さら「がっかりした」のか、それが了解できない。まだ開戦の最終決定はしていないのではないか。平凡な言葉ではあるが「今からでも遅くはない」のに。こういう〝わけのわからない〟推移のうちに、陸軍側のイニシアティブで、刻々と事態は〝大戦争〟に向かって急転していた。

東条内閣へ海軍の差し出した海軍大臣というのが、途方もない人物であった。このとき及川は、すでに東条とは気まずい仲になっていたので、後任者を物色したが、候補者は二人あった。豊田副武と嶋田繁太郎である。このとき、荒武者の豊田では〝協力〟の趣旨にそわないとして、嶋田を海相に差し出したというのである。

なるほど嶋田は、よく〝協力〟した。十一月一日の歴史的会合（大本営と政府の連絡会議）の席上、開戦にあくまで反対したのは、東郷茂徳外相と賀屋興宣蔵相の二人、態度保留が嶋田海相、という顔ぶれであった。ところが驚くべし、鉄の割り当てを三十万トン陸軍より多く海軍にまわされることが決まると、今の今まで「戦争には自信のなかった」嶋田海相が、東郷外相と賀屋蔵相の説得役に一変したのだから驚くほかあるまい。

たった三十万トンの鉄で、国家の運命を変えるような海軍大臣がいたとは、日本はとうていアメリカと戦えるわけがなかったのである。その三十万トンの鉄で、どれだけ日本海軍は強化されたのか、それを知りたい。その分だけ強化しさえすれば、日本海軍は必勝の戦備を完整できたとでもいうのだろうか。

とにかく、こうして〝東条の茶坊主〟が海軍大臣として、開国以来最大の戦争に突入することになったのは、当時の海軍にとって決して満足な姿ではなかった。

海軍の無責任的症状

日本の軍部は、陸海軍ともに無責任的症状を呈している恥部があった。敗戦後「陸軍のゴリ押しで大事を誤まった。海軍は戦争反対であった」などという意見が喧伝されている。それは、開戦までの国家首脳部間の動きを見れば、まったく海軍の本心が避戦であったことだけは明瞭である。しかし、一身を賭してでも戦争を阻止しようという努力をした者は、残念ながら一人も見受けられないのである。

海軍が〝避戦〟を望んだのは、ただアメリカに勝てる自信がなかったからのことで、何も平和主義とか、真に国家の将来を憂えていたからではないように思える。ひどいのになると、ただ一身上の保身のためではなかったのか、とさえ思われるケースも少なくない。そういう個々の例をここでは特別に列挙はしないが、そもそも対米戦に勝てる自信が全然ないのに、なぜズルズルと戦争に引きこまれてしまったのか、それを究明しておかなければならないだろう。

昭和十六年十月十二日は日曜日であった。この日は、時の首相・近衛文麿の五十歳の誕生日にあたっていた。近衛の居所は、東京荻窪にあった有名な荻外荘《てきがいそう》である。その一ヵ月ほど前、九月六日の御前会議で、すでに日本の運命は大きく狂奔しはじめていた。それは——、

一、戦争準備を完成すること。
二、外交交渉を続行するも、その期限は十月上旬を目途とすること。
の二項目が主眼であったが、近衛自身は「外交交渉を続行する」ことに重点を置いていたのに反し、東条陸相らは「十月上旬をメドとすること」に重点を置いていた。

この御前会議の決定は、すでにもう戦争突入が避けられないものであることを意味していた。せっかくの誕生日行事も怏《おう》々として心楽しまず、ついに近衛は午後になって、閣僚を呼び集めた。集まった者は、東条英機陸相、及川古志郎海相、豊田貞次郎外相、鈴木貞一企画院総裁の四人であった。

近衛は「ついに和戦を決すべきとき（十月上旬）となった。ついては、当面の外交交渉が成立する見込みがあるか否かを検討しようではないか」と持ちかけた。これは愚の骨頂で、すでに九月六日の決定の線から判断して、この十月十二日という時点では、もはや最後の決をとるべき状態だったのである。そのことは、アメリカ側の記録にも明白で、アメリカは、当時の日本がとうてい受けいれることのできないような要求をもちだして、日本が戦争をしかけてくるのを、手ぐすねひいて待っていたとしか思えないふしがあったのだから、日本がいくらあがいてみても、外交交渉の成立する見込みなどは、なかったのである。

東条はその点を指摘して、「これ以上の交渉継続は、相手（アメリカ）の引き延ばし策に乗じられるもので、作戦全般をいちじるしく制約される恐れがある」とのべ、さらにつぎのようにつけたした。

「ただし政府に、対米交渉の自信があるのなら、納得のいくような説明をしてもらいたい。自分は何も戦争を好むものではない」

　ここで及川海相が発言した。

「私は、まだ交渉に望みがあると思う。しかし交渉成立のメドがあるかどうかの判断は、首相に一任したい。海軍としては、その決定にしたがうことにする。とにかく、外交でいくなら徹底的に外交で進んでもらいたい。外交でいって二、三ヵ月たってから、うまくいかないから戦争でやる、というのでは困る。とにかく、このさい総理の裁断に一任する」

　この海軍を代表する及川の発言には、何らつかみどころがない。首相一任などということは、もう少し簡単な問題についてのことで、和戦を決定しようというのに、首相の裁断にまかせられるものかどうか、中学生にでもわかる問題ではないか。もし近衛が主観的に「交渉成立の見込みはある」として、外交で二、三ヵ月ねばってみたあげく、やっぱりダメだった――という事態もあり得るのである。何しろ〝見込み〟というのは主観的な判断にすぎない。交渉には相手のあることだ。相手が突然変化することもあるのだ。

　席上、及川は「二、三ヵ月たってから、戦争でやる――というのでは困る」といっている。それなら何も〝首相一任〟ではないわけだ。いくら達人でも、外交交渉の二、三ヵ月さきの見通しなどのつく者はいない。まして進行中の日米交渉は、ほとんど絶望的な状態だったのである。それなのに及川は、まず「まだ交渉に望みがあると思う」などといっているのだ。望みがあると思うのなら、具体的にその事実を説明すべき時機であるにかかわらず、ただ抽象的に、そういういい方をしている。何とも無責任きわまる大臣もあったものだ。こういうわけのわからない発言を海軍大臣がしなければならなかったというところに、実は海軍の〝欠陥体質〟があったのである。

この会議の直前、海軍軍務局長の岡敬純が、書記官長の富田健司を訪れ、「軍令部は別として、海軍首脳部は、日米戦争はやりたくないのだが、海軍としては、表面に立って戦争反対をいうわけにいかない。会議では、海相から〝総理一任〟ということになっているが、それは、こういう含みであるから、あらかじめ御了承ねがいたい」と申し入れていたのである。これなら、前述の及川の発言はうなずけてくる。この岡軍務局長の表明したものが、当時の海軍を支配していた風潮である。

海軍は、日米戦争には反対だったのである。それなら堂々と反対してくれさえすれば、大東亜戦争（太平洋戦争）の悲劇は起こらなかった。海軍にも、陸軍同様、現役武官制があり、政府が気に入らない場合は、大臣を差し出さないという宝刀があったのに……。「開戦は陸軍のゴリ押しだ」などと、後になっていい出すくらいなら、海軍にも、他の政府首脳にも、もう少し方法はあったと思う。

それを誰もやらなかったというところに、海軍の致命的な欠陥があったのである。国の安全を守る職責にありながら、国家転落の一大事を眼前に見ながら海軍の体面上反対をいわない無責任な態度には、怒りを覚えざるを得ない。

実は、この海軍の気風は、何も大東亜戦争前にだけ顕現したものではない。日支事変処理に窮した陸軍が、海軍側に頭を下げて海軍は戦争はできない、といってくれと申し入れたことがあったが、そのときも海軍はとうとう「戦争はできません」という一語だけはいわなかったという。真偽のほどは明らかではないが、いかにもありそうな話である。

こうした海軍の体質は、そう簡単に分析することはできないが、まず「武をもって国家に仕える海軍が、戦争はできないなどというのはおかしい」という考え方がある。これは、名分とかタテマエにやかましい日本人特有の島国根性の一つともいえよう。もちろん世間体とか、個人の人望に関する配慮なども、その陰に便乗している。さらに重要なことは、責任のがれを念頭においていたことである。

近衛首相は対米戦争の回避について、海軍に望みをよせていた。ところが及川は、「海軍によって陸軍を押さえ得ると思われているかも知れないが、閣内一致して押さえなければダメだ。総理が陣頭に立たなければダメだ」といっている。

海軍部内では、当時「近衛に下駄をはかせられるな」という言葉が流れていた。終戦後、井上成美大将が及川に「なぜ男らしく戦えぬといわなかったのか。いかにも残念だ」と、くってかかったことがある。「悪かった。まったく責任は俺一人にある」と及川大将が答え、なぜ「海軍は戦争できない」といえなかったかという理由を、二つあげた。

一つは「近衛に下駄をはかせられるな」という海軍部内の世論であった。

もう一つは、何とも驚きいった話である。

満州事変が勃発した当時、海軍軍令部長の谷口尚真大将は猛反対をつづけていた。「満州事変は結局、対米英戦争となる恐れがあるから、海軍は絶対反対である。対米英戦に備えるためには、三十五億円という軍備費を要する。日本の国力ではとうてい不可能なことだ」という論旨であった。

これは、何という明察だったろう。歴史の流れは、まさに谷口の指摘したとおりに動いていったのである。その谷口軍令部長を、海軍省の大臣室へどなりこんで、面罵した怪人がある。

「そういうことをいうのなら、軍令部が毎年陛下に奉呈している年次計画は、陛下に嘘を申し上げているのか！　いまさら対米戦争ができぬとは何事だッ。このわしも年次計画について、よろしいと陛下に申し上げているが、わしも嘘を申し上げたことになる。腹を切れ、腹を！」

谷口大将は呆然とするばかりであった。この怪人こそ、日本海軍の〝神様〟東郷平八郎であった。海軍では、東郷は絶対であった。批判も反対もできない。そういう神様のできあがる精神状態こそ、海軍のみならず日本人に特有のもので、当然、悪循環がおこってくるわけである。

「いまさら対米戦争ができぬとは何事か！」という東郷の一喝は、海軍の非戦論に対する警告として（一種のタブー的神話として）海軍部内に継承されていた……つまり海軍では「戦争はできません」という一句は、タブーだったのである。これが及川大将のあげた第二の理由であった。

満州事変、日支事変、三国同盟（これは対米英戦を惹起するものとして、海軍は最後まで反対しつづけた）、それから大東亜戦争（太平洋戦争）と、海軍は常に反対しつづけていたのに、結局、最後の一言をいい出さなかったため、ずるずると敗戦へのコースをたどったのである。

こういう〝海軍の面子〟だけを第一にしていた愚かしさに加えて、日進月歩している世界を忘れて、三十年以上も昔の〝栄光〟――日本海海戦における大捷の眩惑――に、いつまでもすがりついていたことも、実戦上の致命的欠陥となった。

日本海軍が対米戦争にとった戦法〝漸減戦法〟がそれである。漸減そのことは決して悪くない。そのもっとも尖鋭な手段として、真珠湾攻撃を企画したことも上々であった。これこそ完全に当時の戦術常識を破った一挙である。何事も〝常識〟を破らなければ、飛躍はあり得ない。それは大成功だったのである。しかし、根本的には、過去の〝栄光〟から、まだ脱却しきれないでいた。海戦の最後の決をするのは、主力艦隊をもってする砲撃海戦だ、という思想が最後まで一部首脳陣にはこびりついていた。

ハワイ奇襲の大戦果をあげ得たものが〝機動部隊〟という新しい戦力であったことに、根源的な意味では、敗戦まで気づかなかったのである。

陸軍のゴリ押し

近衛首相が不安でならなかった〝九月六日の御前会議の決定〟は、まさに日本の戦争決意を決定したもので、十月十二日ごろになって近衛が焦慮してみたところで、もはやどうなるものでもなかった。天皇は、九月六日の会議こそ、日本の運命を決するものであることを承知していた。そこで前日、陸海軍の両総長を呼び出し、明治天皇の御製《ぎょせい》を朗読している。

よもの海　みなはらからと思う世に
など波風の立ちさわぐらん

これは、天皇の意志が、あくまでも戦争回避にあったことの例証とされている。それが事実かどうかは知る由もないが、戦争決定までの天皇の言動は、たしかに日米開戦の回避を希望していたと思われる点が目につく。しかし時局は一路、たぶん陸軍のゴリ押しにおし流されていった……。

この九月五日、天皇は陸海軍の両総長に戦争能力を下問している。それに対して陸軍の杉山元参謀総長は、「南洋方面だけは、三ヵ月ぐらいで片づきます」と返答した。

すると、天皇は即座に反撃した。

「汝は支那事変のとき、一ヵ月で片づけるといったのに、いまだに片づかぬではないか」

これには愚物の杉山も一言半句もないはずであったが、彼は言わずもがなの弁解をしてしまう。

「支那の奥地は広くて、予定通りに作戦が進まなかったのです」

ところが天皇は、なかなか鋭敏であった。

「支那の奥地が広いということは、予定の中にはなかったのか。そういうことを申すのなら、南洋はもっと広いが、いかなる根拠があって三ヵ月と申すのか」

と、何とも痛烈な反問を加えた。

しかし、これは別に天皇の質問が痛烈なのではなく、こういう自分勝手な、ほとんど一人よがりの情況判断にもとづいて、やれ一ヵ月だの、これは三ヵ月だのという〝見通し〟をつけるのは、日本陸軍のそもそもの欠陥体質だったのである。三ヵ月と断言する以上は、それ相応の根拠がなければならない。天皇が、その根拠を知りたかったのは当然である。ところが、陸軍のやり方は一事が万事そういう〝根拠〟などは皆無だった。

皆無というのは極論かも知れないが、とにかく陸軍軍人に共通の無神経さは、いちいち引用するのもバカバカしいほどである。彼らの情況判断たるや、すべて自分に都合のよい方にばかり解釈しており、もし困難を予想される何かが介在すれば、それらにはなるべく目をつぶっていた。まるで赤ん坊のようなもので、目をつぶって自分が見さえしなければ、相手は消えるものと思いこんでいたらしいのである。しかし相手はもちろん実在しており、目をつぶっている赤ん坊の耳をひっぱったり、ときには、力一杯ぶん殴ってくる。赤ん坊はやっと目を開き、あらためて相手が実在しているという事実を認識するとともに、泣き出すか、やたら暴れ狂うだけのことである。

これでは所詮「こういうつもりではなかった」り「あのときは、そういうつもりではなかった」ということになるだけである。

天皇が杉山にくだした強烈な「汝は支那事変のとき、一ヵ月で片づけるといった」との一言は、実に大東亜戦争に直結した、そもそもの発火点であった。

昭和十二年七月七日の午後十二時に近いころ、北京・彰義門外南西に位置する一名マルコポーロ橋とも呼ばれていた盧溝橋《ろこうきょう》付近の一発の銃声から、日支事変が勃発した。特務機関長・松井太久郎大佐は、発砲事件の真相は不明のまま、ただちに和平交渉に乗り出し、二日後の九日、早くも松井・秦徳純《しんとくじゅん》協定までこぎつけていた。

一、作戦行動の即時停止。

二、両軍とも原守備線に復する。

三、紛争地点守備には、抗日意識の強い部隊を転配し、保安隊を充用する。

などの骨子で、今後は、この種の事件を発生させないことを約する付属協定まで合意に達していた。日中両軍の関係者は和平の祝杯まで上げている。当然、内地の各新聞社は号外を出した。ところが、その号外が突如、当局から差し押さえられたのである。

このとき政府は緊急閣議を開き（十一日）現地の意向さえ聞かず、いきなり派兵を決定している。声明書を発して「支那側の計画的武力抗日なり」と断定してしまった。何とも独善的な〝断定〟で、このデンで陸軍の連中は物事を判断していたのだ。この無神経な断定から、アジアの二大民族が四年有余の死闘を展開し、ついには日本の興亡を賭けた大東亜戦争にまで直結することとなる。

このとき派兵の裁可を願い出たのが、時の陸相・杉山元であった。天皇が前途の見通しを尋ねたのに対し、杉山は、「一ヵ月で片づきます」と断言した。こういう陸軍大臣をかかえていたのでは、天皇も心細いが、日本国民こそたまったものではない。

こういう無神経な陸軍がゴリ押しするのだから、都合の悪い部分には目をつぶり、情報はすべて都合のよい方につじつまを合わせて、将来の見通しなるものを作成しつづけていたわけである。

天皇の重ねての痛言に、さすがの杉山も呆然としていたが、同伴の永野軍令部総長が何とかコジつけて助け舟を出し、結局、「開戦は要するに最後の手段にすぎず、外交交渉に全力を傾注する覚悟である」旨を奉答し、ようやくその場をとりつくろったという。

とにかく陸軍首脳部の頭脳程度は、あきれるばかりに単純だった。日独伊の三国同盟なども、ほとんどドイツ外相リッベントロップの詐欺にかかったようなものであったが、陸軍首脳部はこれを無性にありがたがっていた。

昭和十五（一九四〇）年九月二十七日、この厄病神ともいうべき三国同盟は成立した。ヒトラーは待っていましたとばかり、ただちにバルカンに侵入し、十月ルーマニア占領、十一月にはハンガリー、ルーマニア、チェコスロバキアを三国同盟に加入させ、翌年三月ブルガリアを占領した。このドイツの成功にやきもきしたイタリアは、一九四〇年十月ギリシアに侵入したが、あっさり撃退されている。これは井上成美の口癖「イタリアなどが頼りになるものか。何が近代イタリアだ。腐った屋台骨が十年や二十年で直るものか」というのを、はっきり証明した事件であったが、日本ではファシスト崇拝熱が高揚一路をたどっていたのである。

ヒトラーは一九四一年四月早々、ユーゴスラビアとギリシアに侵入し、バルカンをめぐってソ連との仲が次第に加熱してきた。スターリンが、ドイツからの帰途立ち寄った松岡洋右外相を法外に歓待し、あっという間に日ソ不可侵条約を締結したのは、こういう独ソ間の険悪な時期、昭和十六年四月十三日であった。

七十日後の六月二十二日払暁、ドイツ軍は突如としてソ連領に侵入した。もっとも、突如とした感じを受けたのは、お人よしの日本人だけで、松岡がドイツからソ連入りした四月当時には、すでに独ソ間は緊張の極点に達しており、少なくも百三十個師団のドイツ軍が、ポーランド、ルーマニアに配置されていた。ソ連の方でもそれは百も承知で、スターリンが首相になり、着々と対独戦争の準備を推進していた。

三国同盟のそもそも当初の趣旨は、独ソ不可侵条約、つづいて日ソ不可侵条約により、これを一丸とし、日独伊ソの四国同盟へと発展させ、アメリカの参戦を牽制するのが第一目的であった。が、それは松岡らの単なる希望的観測にすぎず、松岡が日ソ不可侵条約の締結に有頂天になった時点では、もはや独ソ戦争は必然の形勢だった。

巨大国ソ連を英米側の陣営にまわすぐらいなら、日本は、三国同盟などを結ぶ必要はなかったのである。これが、最初から三国同盟に海軍の反対しつづけていた理由で、陸軍の〝見通し〟なるものは、すでにここで百八十度、狂っていたのである。

独ソ戦の勃発で、海軍が三国同盟廃棄を主張したのは、そういうドイツへの不信に対して、当然の主張だった。しかし、陸軍はそうではなかった。何しろ確固不抜の自立心がなく、その時その時の気分で国家の大事を左右しては、屁理屈ばかりコジつけていたのだから、ドイツ軍の怒濤の進撃を見て、すっかりあわててしまった。今や世界情勢はまったく一変して、米英ソの連合戦線を向こうにまわすことになった――という一大事に、まるで気づかなかったとは、驚きいった低脳さではある。

ドイツ自慢の電撃戦は、まことに瞠目すべき勢いであった。陸軍首脳は、ドイツの宣伝をう呑みにしていた。モスクワの建川大使までが、七月四日の戦況報告で、「モスクワ陥落のごとき今や時機の問題たる感なきにあらず」といい「スターリン政権などは歯牙にかけざるを可とするやに考えらる」と、暗にシベリアを奪取してしまえというような公文書を打電している。

ベルリンの大島大使は、もともとドイツ一辺倒の人物だから、本国の優柔不断ぶりを非難し、日米交渉などはやめてしまえといわんばかりの文意を、しきりに送っていた。これでは、日本の使臣というより、ドイツの宣伝の手先みたいなものである。

あわてた日本政府は、七月二日の御前会議で、独ソ戦の進展次第では、一挙に北方問題を武力解決しようということを内定した。こうして、ドイツの参戦督促にこたえてプランされたのが、十億円の巨費を投入した〝関特演〟（関東軍特種演習）であった。

これは、四十万の関東軍を一躍七十万に増員した大動員で、ソ連の旗色次第では、満州の東正面と北正面に侵入しようという計画であった。まるで火事場泥棒だ。が――ヒトラーのプラン通りには、ソ連軍は崩れなかった。わざわざナポレオンがロシアに侵入した日を選んで、冬までにソ連を片づけると豪語して大侵入を発起したヒトラーであったが、十月に入っての相つぐ総攻撃もつぎつぎに撃退され、延びきった戦線の維持が危険視される状態におちいってきた。幅三百五十キロ、奥行き三百キロもの遠大な戦線である。

十一月を過ぎると、ドイツ軍の損害は日ましに激甚の度を加え、ソ連軍特有の「攻勢に出るのは遅いが、いったん攻勢に出ると、何ものをも粉砕してしまう氷河のごとき物凄さ」が、全戦線で見られはじめた。

この形勢に、日本では独ソ戦不介入と決めたのはよかったが、関東軍に増加した余分の兵力のやり場に、はたと当惑してきた。早急に処置しなければ、冬将軍が襲いかかってくる。ここで陸軍は、この大兵力を南方に転用することによって〝陸軍の面目〟を維持し、越冬問題を解決し、あわせてドイツの望み通り、シンガポール攻略戦を発起して、同盟の信義をはたそうという、いともバカげた着想にとりつかれたのである。むろん、この段階にいたっても、まだドイツの勝利に疑念をいだいたりはしていない。やがて、来年三月雪溶けのころになれば、今度こそモスクワもスターリングラードもない。ウラルあたりまではドイツが占領するだろう……ぐらいに楽観していたのだ。

この十一月の革命記念日に、スターリンは国民に向かって放送している。

「飛行機も戦車も、ドイツより優秀ではあるが、われわれは教が少ない！　ドイツの一時的成功の秘密はここにある。戦車はドイツ本国だけでなく、チェコやベルギー、オランダ、フランスの工場まで動員して作られている。この事情がなければ、ソビエト軍は、とっくにドイツ軍を粉砕している……しかしやがてソビエトが、戦車や、対戦車飛行機、対戦車砲、対戦車手榴弾、対戦車迫撃砲などの生産で、必ずドイツを追い越し、ドイツを駆逐する」

さすがに大国の指導者として名をなした人物である。実情をありのまま国民に打ちあけ、奮起させている。その後、この宣言は実現して、第二次大戦中のドイツ軍の死者数、三百数十万人のうちの約七十五パーセントが、ソビエト戦線で失われることになるのである。こういうスターリンのような発言のできる軍人は、日本には陸海軍を通じて一人もいなかった。嘘ばかり放送していた。それぞれ、陸海軍の体面のためであり、世評に汲々としていたのである。戦車や飛行機の不足を訴えようとはせず、竹槍で本土決戦を呼号していたのだからあきれかえってしまう。

ついに〝ゴリ押し〟は最後のドタン場へ来た。天皇は一縷の望みを託して、十一月二十九日、宮中へ重臣会議を召集した。しかし顔ぶればかりものものしかっただけで、東条政府の鼻息に立ち向かえる者は一人もいなかった。

この時点では、すでに、陸軍の関係諸部隊は二週間も前から、集結地の海南島さして南下しはじめていたし、南雲機動部隊は三日も前に、単冠湾を進発、一路ハワイへの航路を進んでいたのだから、政府としても後へひけるものでなかった。ただ米内光政海軍大将（重臣列）の「ジリ貧を避けんとして、ドカ貧にならないか」との発言が、何とも象徴的であった。〝重臣〟なるものの法的無権威性が、このときほどハッキリ証明されたことはない。もはや〝神様〟東郷はこの世になく（あっても、たぶん大勢に影響はなかったが）、東条英機を中心とする〝希望的達観屋〟グループの、思いのままに歯車は回転しはじめたのである。

ただし、一言つけ加えておく必要がある。というのは、ここまで来てはもう、東条でなくても、他にどうしようもなかったということである。ここまで来る途中に、日本は何度か、方向転換のチャンスがあった。それができず、結局、最後の関頭に立たざるを得なくなった、というのも、明治以来の歴史の必然の帰結であったといえるかもしれない。

チャーチルは回顧録のなかで、

「日本の陸軍はドイツの教官に訓練され、海軍はイギリス人によって訓練された。陸軍の将校はほとんど外国の事情にうとく、海軍軍人は軍艦で外国の港を訪問することがあったため、外国の事情に明るかった。陸軍には世界最強の意識があり、海軍は英米の海軍と戦うことの危険を感じていた。第二次世界大戦勃発後、しばらく陸軍の力と野望を抑えていたのは海軍であった。しかし日本の総理大臣東条英機陸軍大将の一派は、ついに英米を相手に戦争の決意をかためたのである」

と、書いている。何だか明治年代の陸海軍人を、小学生程度の頭でみているようなところもあるが、それでも、相当うまいことを、端的にいっている。とにかく、陸軍の〝ゴリ押し〟と、海軍の〝無責任〟から——その間の政治家の無能もその一因ではあるが——日本はついに最後の関頭に立ったのである。

茶番劇の日米交渉

山本長官をはじめ日本海軍首脳部は、アメリカに対する認識を、なるほど東条首相その他、一般日本人よりはよくわきまえていたが、とてもアメリカを相手に戦争できるほどのものではなかった。緒戦にハワイを急襲して、アメリカ太平洋艦隊の主力を壊滅させれば、アメリカ人はとうてい対日戦争への気力を保持し得なくなるというようなことを前提として、ハワイ奇襲決行に踏みきっている。

しかし、みごとにアメリカ太平洋艦隊を壊滅させたが、アメリカ人の対日戦意は、日本海軍当局が予想したのとはまったく逆に、烈火のごとく燃え上がったのである。アメリカ人は、北米大陸を開拓したフロンティア・スピリットを称え、勇敢と冒険を好む国民で、日本兵ほどには死を軽視しないものの、それが〝自由〟のために必要なら、決して死を恐れない国民だった。戦場では非常に勇敢で、ソ連戦士と遜色のない精鋭ぶりであった。こういう根本的な国民性すら知らず、日本の指導者層は、すべて自国本位に、希望的観測を下していた。

日本が〝希望的推測〟ばかりで、重大な国策を、いとも簡単に決定していた足跡は、枚挙にいとまがない。外交の場でも、個々の戦場でも、常にそうしたバカげたことばかりしでかしているのである。そのため、戦争に関してはほとんど無縁な忠良な人びとの多くが、異境で死んでいった。開戦も降伏も、何ら国民の関与するところではなかったのである。

アメリカの国民性だけでなく、国力についてすらほとんど調査せず、〝ただすべて膨大〟ぐらいな推計を資料に、対米開戦を決定しているのだから、その精神構造は驚異にあたいする。さきに述べたように、海軍当局の戦術上の基本構図は、わずか世界年鑑ぐらいの数量を基礎にして、日本が一機でアメリカの二機を撃破すれば、戦争には勝てる——と考えていたらしいのである。

アメリカの生産能力、余剰経済力などについては、ほとんどわかりきっているのに、まるで目をつぶっていたのだ。一定の価格を維持するために、小麦を海へ捨てているようなアメリカの無気味な経済力が、どういう戦力として転換してくるか、といったことなどにはあえて目をつぶり、太平洋艦隊さえ撃滅すれば、少なくも一年ぐらいは、アメリカ海軍は太平洋で行動できないから、その間に日本は南洋の資源を戦力化し、持久戦態勢を確立する、という構想であった。つまり、アメリカの艦船建造能力、ドックの実情、その修理能力などは全然計算に入れていないのだ。というのも、自国の能力を基準に、ものごとを考えていたからであり、アメリカの巨大な実力を、開戦後わずか半年で思い知らされることになるのである。

日本海軍のハワイ奇襲は、アメリカ人に〝ジャップのだまし討ち〟という恨みを起こさせ「真珠湾を忘れるな――リメンバー・パール・ハーバー」のスローガンの下に、一致団結させるキッカケをあたえた。このトレチャラス・アタック（だまし討ち）は、はたして本当であったのかどうか……実は、それさえ怪しいものである。

これは東京チャーター（軍事法廷）でもっとも追及された問題で、ヒギンズ検事が鋭意追及している。これに対してブレークリー弁護人ははげしく否認し、ルーファス・S・ブラットン大佐を証人として証言させている。ルーファス大佐は開戦当時、アメリカ陸軍省の作戦局・軍事課・諜報部の極東課長をしていた人物である。その供述書によると、

「十二月三日だった。東京から、日本大使館と領事館にあて、急いで暗号文書と公文書を焼

却するように、との命令が発せられたのを電報傍受で知り、私は補佐の将校を一人、日本大使館にやり、それとなく探らせてみると、ちょうど文書を焼いている最中であった。で、私はただちにそのことを直属上官の軍事諜報部長マイルズ将軍と、作戦局の作戦計画部長レオナルド・ジェロウ将軍に報告し、日本大使館が暗号簿その他を破棄する行為が、何を意味するものであるかについて、いろいろと意見を述べ合った。その結果、これは少なくとも外交関係の断絶か、あるいは開戦を意味している――との意見の一致をみた」

つまりアメリカの首脳部間では、開戦日（アメリカ日付けでは十二月七日）より、少なくも四日前には、すでに〝開戦〟を察知していたということになる。ついでに触れておくと、かつて日本は、ハーバード・O・ヤードレー大尉がキャップをしていた「ブラック・チェンバー」（暗号解読室）の活動をすっぱ抜いた著書が公刊されて（一九三一年）はじめて、ワシントン軍縮会議（一九二一年）当時の外務省の暗号が全部解読されていたことを知り、驚いたというのん気さ加減であった。ワシントン会議はおろか、日露戦争当時から、日本の〝幼児の遊戯〟（暗号）は、すっかり各国につつ抜けだったのである。以来、日本の暗号がはたして、暗号としての機能を果たしていた時期があったのかどうか、はなはだ怪しいものである。

暗号はもちろん、刻々と更新されているのだが、少なくも昭和十六（一九四一）年当時の日本の暗号は、すっかりアメリカに解読されていた。単に解読されていただけではなく、驚くべし、日本大使が暗号文書を見るよりも早く、アメリカ大統領その他の首脳者が、日本からの暗号指令書の解読タイプを見ていた、という話まである。こういう手のうちを読まれての外交交渉が、どういう推移をたどるかについては、ここであらためて説明するまでもあるまい。

昭和十五（一九四〇）年も暮れに近いある日、外務次官大橋忠一のところへ、沢田節蔵（元ブラジル駐劄《ちゅうさつ》大使）から電話があり、「私の知人の米国メリノール神学校のウォルシュ僧正と、ドラウト神父が、日米国交調整のため訪日したいそうだが、今となってはもう時期を失したものかどうか、問い合わせている。どう返事したものだろうか」という。「別に時期はずれということもないだろう。来るように返事してもよいだろう」と、大橋次官は答えた。

これが、日米交渉のきっかけになったものである。この二人の神職者は、ウォーカー郵政長官と親しく、ウォーカーはルーズベルトの幼友だちで、政府要人の一人だから、二人の訪日は、ルーズベルト大統領の意中につながっていたこともちろんである。右の沢田節蔵の口上から感知されることは、アメリカはすでに日本首脳部に対して〝探り〟を入れている、という一事である。彼ら二人の神職者は大橋次官に対して、「三国同盟をそのままにして、日米国交調整の望みがある」と持ちかけた。これは、アメリカを目標に締結された同盟であるから、はじめから、日米間の調整とは相いれぬものであることぐらい、外務省の一書記生にでもわかることであった。

それなのに、日本政府では大マジメで、いわゆる松岡外交の本領――三国同盟を背景として、毅然たる態度でやれば、アメリカも妥協するはずである――を発揮して、海軍大将・野村吉三郎に駐米大使を押しつけ、この対立矛盾する二つの外交を「併存することもあり得る」と、していたのだからお笑い草である。当時は駐米大使が引き揚げたあと、誰一人、駐米大使の引き受け手がなく、松岡洋右外相は早くから、野村に交渉していたのである。しかし松岡の枢軸外交に失望し、とうていアメリカとの国交調整は不可能であるとみていた野村は「四方に軽挙盲動し、ついには一兎をも獲《う》る能わず」との書信を松岡に渡し、就任を拒否しつづけていた。ところが海軍部内から臣節論を根拠とする非難の声が持ち上がった。つまり「困難だからといって引き受けないのは、臣道に反する」という議論である。ここで野村が、がっくり折れて〝君国のために挺身する〟気になったのだから、いささかズレている。

松岡の千両役者気取りの〝枢軸外交〟が、はたして日本人に〝臣道〟をうんぬんさせる根拠があったのかどうか、肝心の問題の核心を正視せず、ただ現実に眼前に横たわっている事実に酔うような精神構造からして、現政府の政策が、そのまま絶対権威として、それらの議論をする海軍軍人たちに受容されていた証拠である。

臣節などという古めかしい言葉が、なお生きていたのは仕方がないとして、それは天皇一人に対する用語であり、松岡洋右に追随するためのものなのかどうか、それを考える者が一人もいなかったとは、まさに〝海軍の無責任〟の好例である。もし本当に「臣節」をまっとうしようという者が海軍に存在したのなら、海軍大臣を一人も出さず、あくまでも戦争回避に向かって努力するのが本筋ではないか。

　こうして悲壮な心境――その滑稽さは、当人にわかるはずがない――で、翌昭和十六（一九四一）年二月十一日、野村大使は着任した。間もなく開始された日米交渉では、さきの二神職者が用意した〝日米諒解案〟を基礎に、話し合いがはじめられたのである。この諒解案は、「日中間の協定による日本軍の中国本土からの撤退、中国の満州国承認、日中間の防共共同防衛などを条件として、アメリカによる日中間の和平の斡旋、日米間の通商および金融の提携、日本が南方の資源を獲得することへのアメリカの協力、太平洋の政治的安定などを約そうとするもので」（『昭和史』岩波新書）、日本にとって有利な内容のものであった。

　しかし、約八ヵ月にわたる日米交渉の末、十一月二十六日、日本につきつけられたのは、今までにない強硬な内容をもった〝ハル・ノート〟（米国務長官ハルが日本側提案の乙案＝暫定協定案に対する回答として示したもの）であった。それは、①中国・仏印よりの日本軍全面撤退、②日中間の特殊関係の一切放棄、③三国同盟の無効化、④中国における重慶政府以外の政権否認――等々、従来の日本の対外政策をことごとく否定するものであった。特に第二項に掲げた〝特殊関係の放棄〟というのは、満州国の放棄にまでおよび、朝鮮の独立さえにおわせたものである。イギリスの軍需生産大臣オリバー・リットルトンは、戦争中（昭和十九年六月二日）ハル・ノートを評して「米国は、日本をこの限界まで追いつめた」といっている。

　しかし日本は、ハル・ノート受領前に、すでに戦争にふみきっていた。交渉が妥結したときは途中で引き返す措置を講じてはあったが、同じ二十六日午前六時、真珠湾に向かう日本の機動部隊は、エトロフの単冠湾を抜錨していた。陸軍のマレー、フィリピン攻略部隊もすでに集結を終え、一部は乗船して航海の途中にあった。矢は弦をはなれていたのである。

遅れた宣戦布告

ルーズベルトは、一九四〇年の春、ナチスがフランスへ電撃侵入した瞬間から、世界大戦に介入する決心をしていた。しかしアメリカの世論は不介入主義で、参戦賛成論者は三パーセントにも足らず、反対論者が約八十パーセントを占めていた。そこで大統領選挙（一九四〇年十一月）に三選出馬するときの公約では「決して参戦しない」と強調して、当選したのである。こういう事情からして、ルーズベルトとしては、日本から手を出させて、いやおうなくアメリカが応戦に立ち上がる――という筋書きにことを運ぶ必要があったという、うがった見方も出てくる。たしかに、真珠湾攻撃のはるか前から、日本の外交・軍事情報は、アメリカ側につつ抜けになっていたのだから、なぜあんな奇襲をやられたのか、その不自然さに首をかしげたくなる。

さきに掲げた、東京法廷での証人、ルーファス大佐の証言に見られる通り、十二月三日（日本では四日）には「暗号文書の焼却は、国交断絶か開戦を意味する」と了承したアメリカは、その数時間後には、日本の暗号文書焼却指令が、ロンドン、マニラ、香港、シンガポール、バタビア（ジャカルタ）等の領事館あてにも打電されていることまで、キャッチしていた。

　そのことについては、海軍作戦次長のインガーソル大将が、真珠湾攻撃調査のため開かれた上下院合同委員会で、つぎのように証言している。

「私は、暗号帳の破棄について、海軍作戦部長がわれわれに通知し、かつ全艦隊に発送した情報を、真珠湾攻撃前の全期間を通じて、もっとも重大な訓令の一つであると解した。かりに外交交渉が破綻したとしても、必ずしも暗号を破棄しなければならぬ理由は、どこにも見いだせない。外交官は、帰国に際して、欲するなら、人形と一緒に暗号帳を荷造りして、持ち帰ることができる。ところが、この特殊な一連の通報は、日本の、ワシントンやロンドンにある外交官たちにだけ、暗号焼却を告げたのではなく、マニラ、香港、シンガポール、バタビアの各領事館あてにも通達されていたのである。これは明らかに、外交交渉が決裂したためだけの措置ではなく、まさに戦争開始を意味していたものである」と。

　さらに、ルーファス大佐は、日本の攻撃がトレチャラス・アタックではなかったことの証言として、

「十二月七日の通牒の前触れであるパイロット・メッセージは、六日の午後二時ごろ気づき、前述の二将軍（マイルズ軍事諜報部長、ジェロウ作戦計画部長）と話し合い、作戦局長、陸軍長官、国務長官に、その内容が通達されたのだった……十四本に分かれた最後の分の電報が、陸軍省に届けられたのは、十二月七日の午前八時十五分から三十分前後の間であった。最初の部分が届けられたのは私の事務所で、六日の夕刻だった。さらに後の十二本は、午後

九時から十時までの間に、完全に受領されたものである。七日の十一時二十五分、両将軍と私は、参謀総長室でマーシャル将軍と会見し、十四本の電報全部と、午後一時手交するようとの指令電報が、読まれた。そのあとマーシャル将軍の求めに応じて、われわれは自分の考えを述べた。すなわち――これは午後一時か、あるいは一時を過ぎて、日本が太平洋上の米国側施設のどこかに対して、攻撃を加えることを意味しているものだと」

こういうふうにアメリカ首脳部では、刻々と日本側の動きがわかっていた。マーシャル参謀総長は、右の午前十一時二十五分前後の会談後、自身で、スターク海軍作戦部長に電話連絡し、陸海軍が、カリブ海、ハワイ、マニラなどに対して戒厳命令を発したのが、午前十一時五十分であった。つまり日本側の企図した午後一時宣戦布告は、一時間半も早く探知されており、一時間十分も早く、すでに戒厳命令が発せられていたのである。これはワシントン時間で、日本のハワイ奇襲は、もちろん午後一時に行なわれている。午後一時に、東京からの指令通り、野村大使らが国書を伝達していさえすれば、「日本のだまし討ち」は成立し得なかったことになる。

ここでついでに、なぜ野村大使が国書の伝達時間を守れなかったのかについて紹介しておく。これこそ日本の官吏が、いかに非能率的に物事を処理しているかの、最上の実例である。

野村大使が「午後一時に書類をアメリカ側に渡せ」との訓電を読んだのは、当日の午前十時三十分ごろであった。この時刻には、アメリカ側では、野村大使が手交するはずの書類の全文を、すでに二時間も前に読んでいたわけである。しかし当の野村大使は、まだ手交文書を途中までしか読んでおらず、全文がようやく大使の手にそろったのは、午後一時五十分ごろだった。野村大使がどんなにジリジリしていたかは、思うだに気の毒である。ハル国務長官はすでに手交文のそろうのを待って、あたふたと国務省へ駆けつけたのが午後二時。ハルの報告を受けており、駆けつけた野村・来栖（三郎。野村大使の交渉を補佐するため十一月五日渡米）の両大使を約二十分も待たせ、午後二時二十分になってようやく、国交断絶の書類を〝正式に〟受けとった。このとき両大使は、この文書は午後一時に渡すべきものであったのに、大使館の手落ちで遅れた旨を熱心に説明したが、「なぜ一時か？」と、ハルは皮肉たっぷりに、しかしただ一言、いやみをいっている。

野村や来栖はもちろん「なぜ一時か」を知る由もないので、バカ正直に、本国の訓令であることなどを、しどろもどろ弁明したものと思われるが、ハルの方ではちゃんと「なぜ一時か」を知っていたのである。この時刻にはもうハワイは〝トレチャラス・アタック〟の最中で、アメリカは着々と反撃の手を打ちはじめていた。

日本の両大使はまだ何も知らず、大使館へ帰着直後、ハワイ攻撃のニュースを聞いたのである。このときハルが、もう少し意地悪く、二十分でなく三十分ほど、二人を待たせてから会見すれば、「なぜ一時か？」と、薄笑いしながら問いかけたとたんに、「緊急ニュースを申し上げます！　日本軍はただいまハワイを攻撃中――」というラジオ・ニュースが、国務省内に鳴りひびくところだった。

いったいなぜ野村大使らは、そういう不手際なことをしでかしたのかというと……。

この対米覚書を東京から発送したのは、外務省の亀山電信課長であった。彼は日本時間十二月六日の午後、アメリカ局から原文を受け取り、すぐ電信官が十四本の電報に組んだ。十三本は、その六日の午後八時三十分から、七日午前零時二十分までの間に、外務省電信分局から、東京中央電信局に向かって送信された。これを中央電信局がアメリカに向かって送信したのが、六日午後十時十分から七日午前一時五十分の間であった。ここまではまったく問題はない。

問題なのは十四本目の電報であった。これは主管課（アメリカ局）からの達しで、別に指示するまで発信を差しとめられていた。七日の午後四時ごろ「発信せよ」との指示があり、アメリカのMKY、RCAの両線を通じて、一時間の差をおいて同文が発信された。

これらの電報は、当時の日米間の通信状態から見て、はじめの十三本は七日午前三時ごろまでに、十四本目は七日午後六時ごろまでには、ワシントンの日本大使館に着いていたはずである。また覚書を渡す時間を指定した電報は、その一時間前には送達されているべきものであった。で、送達責任者の亀山氏は「かりに大使官の担当係官が適当に休息、睡眠したとしても、十四本からなる覚書の完全なテキストは、遅くても七日午前一時ごろ（アメリカ時間）までには、浄書を終えているはず」であった。

その〝はず〟が、ワシントンの大使館ではまったく実現していなかったのだ。これには「覚書は、普通のタイピストが打ってはいけない」という特殊事情が介在していたからだと、大使館側ではいっている。しかし、それならそれで、事前に、タイピングの可能な者を、なぜ用意しておかなかったのか。

　この大使館のお粗末な光景については、来栖特命大使に随行渡米していた外務省アメリカ局の第一課長・結城司郎次が、東京法廷でつぎのように供述している。

「六日の正午ごろ解読した外務省からの訓電では、十一月二十六日の米国側提案に対する日本側の覚書が、別電で送られるということ。それは非常に長文なので、全文を受電し終えるのは翌日になるだろう、ということ。さらに、受領は厳秘にし、タイピストの使用は禁じる、ということであった……こうして、午後七時頃までには、初めの八、九通の解読は終わっていた。七日朝九時ごろ、大使館内の書記宅へ行って見ると、奥村書記官が覚書を懸命にタイプに打っていた。タイピングは六日夜には、まだ始められていなかったのである……私は、彼らの話から、前夜、夕食後、全電信課員六人が再び登庁し、九時三十分頃から暗号の解読にかかり、最初の十三通の解読を夜半前に完了し、最後の十四通目の到着を待つだけになっていたので、電信課員は、五日の夜、外務省命令で破壊した暗号機の職務整理に従事したが、十四通目が来ないので、井口参事官の勧告もあったし、払暁、当直一人を残して各自宿舎に引き揚げた、ということを知った……ところで、大使館の職員中、ともかくも一応タイプを打てるのは、ただ奥村書記官だけで、彼が覚書をタイプしている間、私は隣室で中島書記生を相手に、打ち上がったタイプの読み合わせをしていた」

　つまり、どうやらタイプの打てるのが書記官一人で、他の者がミスを発見しては訂正して打ち直し、その奥村という男一人が、必死でタイピングしていたというのである。しかも、その対米覚書たるや、国交断絶、宣戦を意味する重要文書なので、当の奥村はもちろん、居合わせた者一同すっかりあがってしまい、ミスばかり打っては消し、また新しいミスを発見して打ち直す、といったありさまであった。

おまけに、外務大臣の挨拶とか、アメリカ局長の挨拶に至急とあったので、その方に先に手をつけるという始末で、解読は前後してしまい、例の「七日午後一時を期してハル長官に覚書を手交せよ」という訓電を解読したのが、七日の午前十時ごろであった。野村大使らが焦慮すればするほど、奥村のミス・タイピングは続出し、ついに――全文十四通ができあがったのは一時五十分という〝手遅れ〟になったのである。

――が、これは結城氏の証言をうのみにするわけにはいかない。大使館員中、タイプのできるのはただ一人などというのは、あまりにも不自然である。しかし、すでに説明したとおり、この段階では、文書の手交時間などは、アメリカにとって何の影響もないことだった。暗号の事前解読で一切を知ったルーズベルトは、側近のホプキンズを見て「これは戦争を意味するネ」といったという。

第二章 真珠湾攻撃と南雲機動部隊

サイは投げられた

昭和十六年十一月中旬――岩国は深秋。錦川《にしき》の水は青く、対岸の山々は鮮やかに紅葉していた。急迫する国際情勢のせいか、大動員直後のせいか、いつもは遊客の姿が見られる錦帯橋も、老婆と幼児の姿が二つ三つ見られるだけで、深山幽谷のよう。人口五万に足りない町は、ひっそりと静まっており、たまに道を行く女たちの姿も、まるで黒々と、生彩がない。

と、夕暮れどき、岩国航空隊から、車を連らねて市街を走り抜ける一隊があった。おびただしい乗用車の数で、黄旗（将官旗）、赤旗（佐官旗）ばかりがつづいていた。

「これはただごとではない……」と、心ある市民は感じ、車中の人物を見ようとするが、つぎつぎに走り去る車には、みな同じような海軍高級士官が数人ずつ乗っており、人相などの識別できるものではなかった。

車列は某料亭に乗りつけた。その一角は急に活気がみなぎり、惜しげもなく灯をともし、女たちのはずんだ声があふれはじめた。このころでは、軍人以外には宴会をやる者がなく、また活気のある男は軍人以外にはほとんど認められないので、道行く女たちまで立ちどまって、なかばうっとりと、つぎつぎに車から降りる海軍士官たちを眺めていた。非常に将官の数が多い……と、どこからか「山本司令長官だ！」というささやきが伝わってきた。「ばかをいうな」という声と、「これだけ偉い人が集まっているのだから、山本閣下も来ているのだろう」という声とがあった。「では、連合艦隊のお偉方が、たまに上陸されたのだろう」と、いうようなことであった……。

この日、山本五十六連合艦隊司令長官は、麾下《きか》の各艦隊司令長官と諸隊指揮官、主な幕僚などを岩国航空隊に呼集し、「連合艦隊機密命令第一号」を与え、開戦初動に必要な打ち合わせをしたのである。

開戦準備の件は十一月五日の御前会議で正式に決定され、同日、永野修身軍令部総長が「対米英蘭帝国海軍作戦方針」について、天皇の裁可を得、「大海令第一号」を発令していた。山本長官がその伝達および説明を受けたのは、二日後の十一月七日で、軍令部総長室においてであった。長官はただちに軍令部内で〝連合艦隊作戦命令〟を決定。徹夜で謄写し、翌八日午後、あらかじめ呼び集めていた各隊参謀に手交していた。

いざ開戦となるまでには、全部隊を配置につけておく必要があった。しかし、まだ日米交渉は続行中なので、行動はすべて極秘のうちに行なう必要があり、発航後は一切、無線を禁止していた。そのときの命令で、この日、岩国に、おびただしい高級士官たちが集合したのである。

第一航空艦隊の南雲忠一長官以下も、この会合に列席していた。しかし、この特殊任務を担当する南雲機動部隊に対する作戦命令だけは、他の一般部隊への命令とは切り離し、必要な諸隊だけにその必要事項がわかるよう、特別の処置がとられていた。

こうして、いよいよ国運を賭しての作戦行動を開始することになったので、市民の目には豪華に見えたかも知れないが、実は一同、たがいに形ばかりの別離の宴を張ったのである。宴は、軍人の通有性で、次第に騒がしくなり、女たちの嬌声も野放図になってくる。そうした盛宴のさなか、南雲中将は、ふっと立ち上がった。他隊はともかく、南雲機動部隊に属する人びとは、それ以上、席にとどまっている時間がなかったのだ。草鹿参謀長が立つ。幕僚たちがつぎつぎに立つ……なるべく他の者に気づかれないよう、それぞれ席を抜け出そうとする。これは、機動部隊の行動をまるで知らない人たちに対して、なるべく異常を感じさせまいとする配慮からだった。

連合艦隊の幕僚たちの目が、つぎつぎに機動部隊幕僚を見送る……宇垣纏少将（連合艦隊参謀長）は、つと立ち上がって草鹿少将に歩み寄り、さりげなく片手を延べて握手した。ぐっと双方、力をこめて握り合う。宇垣がささやく。

「どうか、しっかりやってくれ」

草鹿は言葉もない。

急いで手を解き、両人左右に別れる。もはや、そしらぬ顔だ。宴はたけなわであった……。

十一月十八日午前九時、南雲長官の旗艦「赤城」は、水音さえ忍んで錨を揚げ、佐伯湾（大分県）をひそかに出港した。艦はみるみる加速し、前進原速（十二ノット）となる。戦場への出港時には、在泊中の各艦みな登舷礼式で、「帽振れ」の号令一下、軍楽隊は一斉に奏楽し、歓呼の嵐に送られて征途につくのだが、今回は極度の機密保持上、各艦ばらばらに出港したほどであるから、ひっそりとしたものである。南雲中将は艦橋にたち、いつまでも九州の山々を眺めていた。

翌朝、艦は熊野灘にかかっていた。黒潮は、この季節からいよいよ黒みを増し、風は冷たい。突然、艦内拡声機が鳴った。

「総員、第一種軍装で飛行甲板に集合！」

乗組員一同、まだ何も知らされていなかったが、迫りくる大作戦の鬼気は、ひしひしと感じられていた。きっとなって軍装をととのえ、つぎつぎに飛行甲板へ走り出た。司令部幕僚がひとかたまりになっており、艦長・長谷川喜一大佐が、「総員、北に向かえ」と号令した。

「間もなく本艦は伊勢神宮の真南を通過するので、遙拝《ようはい》を行なう」

やがて信号兵が時刻を告げ、「最敬礼！」の大号令。ついで各人の故郷の方向に向かって黙禱一分間。南雲長官も端然たる姿で黙禱していた。

十一月二十三日朝、「赤城」は、千島列島、エトロフ島の単冠湾に進入した。すでに十数隻の艦艇が先着しており、その日のうちに続々と機動部隊の各艦は入港。夕刻、「加賀」の入港を最後に、世界最初の大機動部隊三十隻は、ここに集結完了した。エトロフ島の山々は、深い雪におおわれており、北辺の海は寒々と荒れ気味で、異域万里の荒涼感が深い。水兵たちの多くは「いよいよ対ソ戦だな。カラフトへ行くのだろう」とささやきあっていたという。

この日、各艦長、司令以上は「赤城」へ呼ばれ、はじめてハワイ攻撃の命令を正式に受けた。つづいて飛行士官の会議があり、開戦劈頭の本作戦が、日米戦争の将来を決定する、国家存亡の一挙であることが強調された。

このときの機動部隊（第一航空艦隊＝司令長官・南雲忠一中将）の編成。

一、空襲部隊（南雲長官直率）
第一航空戦隊（南雲忠一中将）「赤城」「加賀」

第二航空戦隊（山口多聞少将）「蒼龍」「飛龍」

第五航空戦隊（原忠一少将）「瑞鶴」「翔鶴」
二、警戒隊（第一水雷戦隊＝司令官・大森仙太郎少将）
軽巡＝阿武隈、第十七駆逐隊（浦風、磯風、谷風、浜風）、第十八駆逐隊（霞、霰、陽炎、不知火、秋雲）
三、支援部隊（第三戦隊＝司令官・三川軍一中将）
第三戦隊　戦艦＝「比叡」「霧島」
第八戦隊　重巡＝「利根」「筑摩」
四、哨戒隊（第二潜水隊＝司令・今和泉喜次郎大佐）

潜水艦イ号一九、同二一、同二三の三隻
五、補給隊（極東丸・特務船長）
第一補給隊＝極東丸、健洋丸、国洋丸、神国丸（油槽船）
第二補給隊＝東邦丸、東栄丸、日本丸（油槽船）

機密機動部隊命令第一号
昭和十六年十一月二十三日
単冠湾・旗艦「赤城」機動部隊指揮官・南雲忠一
一、機動部隊は極力その行動を秘匿しつつハワイ方面に進出、開戦劈頭、空襲部隊をもって在ハワイ方面アメリカ艦隊に対し奇襲を決行、これに致命的打撃を与えんとす。
二、空襲第一日をX日午前三時三十分と予定す。
三、空襲終わらば、機動部隊はすみやかに敵より離脱し、いったん内地へ帰還、整備補給の上、第二段作戦部署につく。
四、本行動中、敵艦隊われを邀撃《ようげき》せんとする場合、又は敵有力部隊と遭遇し先制攻撃を受くる虞《おそれ》大なる場合は、之《これ》を反撃す。
五、兵力部署（略）

翌二十四日朝、飛行機搭乗員全員を「赤城」の飛行甲板に集め、左の訓示を与えた。

「暴慢不遜なる宿敵米国に対し、今やまさに十二月X日（八日）を期し、開戦せられんとす。

ここに第一航空艦隊を基幹とする機動部隊は、開戦劈頭、敵艦隊をハワイに急襲し、一挙にこれを撃滅し、転瞬にして米海軍の死命を制せんとす。

これ実に有史以来、未曾有の大航空作戦にして、皇国の興廃はまさにこの一挙に存す。

本壮挙に参加し、護国の重責をになう諸子においては、誠に一世の光栄にして、武人の本懐、何ものか之に過ぐるものあらんや。まさに勇躍挺身、君国に奉ずる絶好の機会にして、この感激、今日をおいて、またいずれの日にか求めん。

さはあれ、本作戦は前途多難、寒風凛烈《りんれつ》、怒濤狂乱する北太平洋を突破し、長駆、敵の牙城に迫りて、乾坤一擲《けんこんいってき》の決戦を敢行するものにして、その辛酸労苦もとより尋常の業《わざ》にあらず。これを克服し、よく勝利の栄冠を得るもの、一に、死中活を求むる、強靱敢為の精神力にほかならず。

かえりみれば、諸子多年の演練により、必勝の実力はすでに錬成せられたり。今や君国の大事に際会す。諸子、百年兵を養うは、ただ一日これを用いんがためなるを想起し、もってこの重責に応《こた》えざるべからず。

ここに征途の首途《かどで》に当たり、戦陣一日の長をもって、いささか寸言を呈せんとす。

一、戦捷の道は、いまだ戦わずして、気魄まず敵を圧し、勇猛果敢なる攻撃を敢行して、すみやかに敵の戦意を挫折せしむるにあり。

二、いかなる難局に際会するも、常に必勝を確信し、冷静沈着ことに処し、不撓不屈の意気をますます振起すべし。
三、準備は、あくまで周到にして、ことに当たり、いささかの遺漏なきを期すべし。今や国家存亡の関頭に立つ。それ身命は軽く、責務は重し。いかなる難関も、これを貫くに尽忠報国の赤誠と、果断決行の勇猛心をもってせば、天下何ごとか成らざらん。
願わくば忠勇の士、同心協力、もって君恩の万分の一に報い奉《たてまつ》らんことを期すべし」

こういう調子の、何ら実用性・具体性のない文章が、当時の軍の好みであった。士官らは〝百年兵を養う〟に該当したのかも知れないが、召集兵などは、一向に〝養って〟もらったものではない。かえって、妻子などを路頭に迷わせてまで、強権で引っ張り出されている者が多いのに、中将と同じく〝君恩の万分の一に報い奉れ〟というのだから、おかしな話である。それに、尽忠報国の赤誠と、果断決行の勇猛心とをもってすれば〝天下何ごとか成らざらん〟というのは、あまりにも非科学的で、精神至上主義にとらわれた狂心者のお題目としか思えない。こういう精神構造で、インパールの悲劇が、ガダルカナルの死闘が、婦女子の竹槍訓練が、狂演されたのである。

ともかくも機動部隊は今やはじめて正体をあらわした。もはや前進一途だ。

「赤城」には、真珠湾の精密な立体模型を作りつけた一室が、用意されていた。それには、在泊を予想される敵艦船の停泊位置、飛行場、その他の軍事施設についても、正確に縮尺された模型が配せられていた。その一室へ案内されたパイロットたちは、はじめて鹿児島湾での猛訓練の意味を悟った。

十一月二十五日、各艦ごとに出征壮行宴を挙行、将兵みな高らかに歌いまくった。十一月二十六日午前六時。機動部隊は予定の準備を完了し、いよいよ運命の航路に向かって単冠湾を出港した。故国最後の山々は、その蕭条たる雪景色を、みるみる後方の寒波の中に没し去った。

機動部隊発進

艦隊は警戒航行序列で東航した。無線機を封鎖し、九十八度の針路を、オアフ島北方二百カイリの待機地点（北緯四十二度、西経百七十度）へと進む。

最前方には哨戒隊の潜水艦三隻が先行し、二百カイリ後方を本隊が進む。本隊の先頭は、警戒隊の旗艦「阿武隈」を中に、左右やや後方に約十キロずつはなれて、駆逐艦が一隻ずつ従う。

その警戒誘導隊のはるか後方を、第一航戦と第二航戦が、約七キロの距離、間隔で縦列に併行して進む。右列が「赤城」「加賀」。左列が「蒼龍」「飛龍」。「赤城」と「蒼龍」は前列に、「加賀」と「飛龍」は後列に、それぞれ七キロ間隔の正方形に並んでいる。最後列には、「加賀」の後方に「瑞鶴」、「飛龍」の後方に「翔鶴」と、これも、それぞれ七キロ間隔の正方形になっている。つまり第五航戦は最後列で、横列隊形をとっているわけだ。

支援隊の戦艦「比叡」と「霧島」は、第一横列の外側に、それぞれ「赤城」の右十キロ、「蒼龍」の左十キロを進んでいる。重巡の「利根」と「筑摩」は、最後列横列の外側に、これも空母から十キロ側方を進んでいる。つまり、「比叡」の後方約十四キロに「利根」、「霧島」の後方約十四キロに「筑摩」が、それぞれ位置しているわけで、この四艦がもっとも外側を航海していた。一夜明け、びょうびょうたる一望の北海を、この大艦隊が進んでいる実態は、とうてい、一艦からは把握されるものではなく、見渡すかぎり、ただ暗澹たる北海の荒海でしかなかった。

南雲長官は艦橋で凝然としていたが、ふと草鹿参謀長を見て、「君は、どう思うかね」と小声で話しかけた。

「僕は、えらいことを引き受けてしまった。もう少し気を強くして、きっぱり断わればよかった、と思う。出るには出たが、さあ……うまくいくかなァ」

草鹿参謀長は、どきッとした。もともと長官は〝水雷屋〟だ。航空戦術のことは一にかかって草鹿参謀長の双肩にかかっていた。ここで長官にそんな弱気を露呈されたのでは、うまくいくことでも失敗してしまうかも知れない。

「大丈夫ですよ長官ッ。必ずうまくやります！」

どうせ未来のことは誰にもわからないのだ。草鹿少将は、きっぱりとそういったが、いよいよ重責が自身にもたれかかってきた感じだった。これはしかし、一軍の最高責任者たる司令官と、参謀長との決定的な差異である。最高責任者の感じている責任感と幕僚長たる草鹿の感じるそれとは、どんなに草鹿が心配してみても、とうてい、南雲長官のそれとは、同質たり得ない性質のものである。

「君は楽天家だねえ。うらやましいよ」

と、南雲はかすかに笑った。

これは、南雲中将がただ最高司令官だったからばかりではない。もともと航空戦術の門外漢たる南雲にとっては、未知の世界の入口に立っているのと同じで、何ともいいようのない不安がつのってくるのは当然だった。水雷戦隊を率いて敵の巨艦に体当たり攻撃するのなら、それは草鹿の方が不安で、南雲には何でもないことだったろうが……。

もう一つ南雲には不安があった。それは、飛行機で戦艦を撃破した戦例が、当時まだ皆無だったことである。超遠征という戦史上はじめての一挙に加えて、未知数の航空機の攻撃力に頼っている一事が、非常に不安だったのである。つまり南雲機動部隊は、今や世界戦史上に二つの新戦例を樹立しようとしているのだった。はたして、うまくいくのだろうか。失敗すれば、ハワイ大艦隊の大挙出撃となり、十中八九、南雲機動部隊は全滅に近い惨状を招いてしまう。自分一個の生死などは、もはや問題ではなかった。この有力な艦隊を失うことは、日米の戦力比をますます引き離すことになり、日本の勝機はたぶん、もはや永久になくなってしまうだろう。その一事が、南雲中将に右の弱音を吐かせたのである。

この南雲艦隊の行動には、一つ、重大な難点が伏在していた。それは、まだ日米交渉を続行中で、交渉の進展次第では、作戦行動一切を打ち切って、何ら痕跡を残さず、これまた極秘のうちに引き返さなければならないという難事中の難事がつきまとっていることだった。

無線を封鎖して行動している艦隊が、そういうデリケートな指令をはたしてうまくキャッチできるものかどうか、それも心配の種だった。そのため、キーを封印した無線室では、通信兵が全神経を傾注して、軍令部と、瀬戸内海柱島水道にある連合艦隊旗艦「長門」からの放送を見のがすまいと、非常に緊張していた。もし何らかの指令がキャッチされた場合は、たぶん密封命令を開封して、その命令にもとづいて行動することになるのだ。密封命令というのは、大本営その他の指令で開封する命令書で、予想されるさまざまの情況に応じて、前線部隊のとるべき行動を指示した幾通りかの封書を、あらかじめ与えておくのである。開封しなかった場合は、厳封されたまま返すので、その内容は、一切、わからずじまいになるのが普通であった。

「第三号開封」との指令なら、その〝第三号封書〟を開封するわけで、数通のうち、じっさいに開封されるのは何分の一かである。

南雲艦隊にこの密封命令を届けたのは、鈴木英少佐であったという。この鈴木少佐は、十一月一日ホノルル入港の日本郵船・大洋丸に事務長補佐として乗り組み、現地の情報を収集していた人物である。十一月十七日、横浜に帰港後、少佐は真珠湾付近に関する諸報告、およびアメリカ太平洋艦隊の動静を詳細に報告した書類と、右の密封命令とを持って、単冠湾へ飛んでいる。日本の諜・情報活動は、米ソその他列国にくらべると、まこと児戯に等しいものではあったが、ともかくもハワイに関する海軍の活動だけは、相当の成果を上げていたらしい。

ハル・ノートで脳天を一撃された日本は、十二月一日午後二時、宮中第一の間で御前会議を開き、ついに「十二月八日開戦」を決定した。この日、天皇は一言も発言しなかったという。

翌二日、あらためて裁可を受け、発令したのが「大海令第十二号」で、その第一項には「連合艦隊司令長官は、十二月八日午前零時以後、大海令第九号によって武力を発動すべし」とあった。この指令を受けた連合艦隊では、午後五時三十分、「ニイタカヤマノボレ一二〇八」の隠語電報を発信した。これは〈呂暗号〉で発信され、もちろんアメリカ側では傍受していたが、ニイタカヤマノボレでは、ほとんど意味不明だった。暗号は常に盗まれていると考えるのが妥当だ。そこで、こういう〝隠語通信〟を併用するのである。「ニイタカヤマノボレ一二〇八」とは「開戦第一日を十二月八日と定む。予定どおり真珠湾奇襲攻撃を実施せよ」という意味であった。

北海の荒天下を一路東航していた南雲機動部隊は、このときすでに洋上補給の難作業を終えており、もはや途中から引き返す懸念も解消したので、今はただ所期の目的に突進するのみとなった。同日夜、「貴艦隊付近に敵潜の電波を感ず」との軍令部電信があり、やや緊張した。弱電波で全艦船に〝敵信傍受の有無〟を問い合わせた。一部の艦から、発信源方位を通知してきたが、感度は非常に遠く、ひとまず安心した。

しかし前途に不安を感じた南雲長官は、十二月四日夕刻、ミッドウェー島北方九百カイリの地点で、予定より早く南東方に転針した。十二月六日（日本時間）、第二航戦（蒼龍、飛龍）と第一水雷戦隊に最後の給油をして、油槽船のうち三隻を艦隊から離し、つぎの待機地点に先行させた。これからは一路、予定待機地点に向かって直進するのだ。

七日未明、連合艦隊司令長官から、天皇が連合艦隊に下した勅語を伝えてきた。

「朕《ちん》ここに出師《すいし》を令するにあたり、卿（山本長官）に委するに、連合艦隊統率の任をもってす。惟《おも》うに連合艦隊の責務は、きわめて重大にして、事の成敗は真に国家興廃にかかるところなり。卿それ多年艦隊練磨の績を奮い、すすんで、敵軍を剿滅《そうめつ》して、威武を中外に宣揚し、もって朕が信倚《しんい》に副《そ》わんことを期せよ」

同じく早朝、東京の軍令部から、真珠湾に在泊中のアメリカ艦隊の軍艦、位置などが詳しく通報されてきた。それによると、戦艦七隻、巡洋艦七隻、航空母艦など――ということであった。その通報にもとづいてただちに図表を作り、各空母の搭乗員に配布した。

この日、全軍最後の燃料補給を行ない、極東丸ほか四隻の油槽船から、空母、戦艦、巡洋艦、駆逐艦とも、ほとんど満杯の重油を受け入れた。ここで油槽船全部を帰路の待機位置に向かって先行させ、戦闘力のある艦だけとなり、加速、二十四ノットの速度で予定地点に向かって南下しはじめた。このときの位置はハワイの真北六百カイリで、旗艦「赤城」の檣頭《しょうとう》高くZ旗が掲げられた。三十六年前（明治三十八年五月二十七日）の日本海海戦において東郷平八郎が「三笠」に掲げた信号旗と同様、「皇国の興廃この一戦にあり。各員一層奮励努力せよ」という意味である。

約一時間後、山本長官から「皇国の興廃かかりてこの征戦にあり。粉骨砕身、各員その任をまっとうせよ」との電報が届いた。このあたり、どうも三十何年昔の二番煎じばかりで、海軍積年の禍根を見る思いがする。日本海軍の保守因習的な体質については、早くからアメリカ当局に看破されていた一大弱点で、そのために日本海軍の近代化は、いちじるしく阻害されていたのである。

十二月七日午後六時（日本時間）、軍令部から最終的に、ハワイの情況を打電してきた。「ハワイ時間十二月六日（土曜日）の在泊艦は、戦艦九、乙巡三、水上機母艦三、駆逐艦十七。ドック入り中は乙巡四、駆逐艦三。空母および重巡は全部、出動中。オアフ島は平静にして、灯火管制をなしあらず。大本営は必成を確信す」

また先行中の潜水艦からの報告によれば「ラハイナ基地には敵を認めず」という。この先行潜水艦というのは、第六艦隊（司令長官・清水光美中将）所属のイ号潜水艦三十隻で、機動部隊より早く十一月十八日の朝に呉軍港を出発、ハワイ海域に進出していたもので、臨時に南雲長官の指揮下に入れられていた。このイ号潜水艦隊のうち五隻（イ号一六、同一八、同二〇、同二二、同二四）は、後甲板上に特殊潜航艇（甲標的）を一隻ずつ積んでいた。特殊潜航艇は二人乗りで、全長二十四メートル。直径一・九メートル。四十六トン。水中速度二十四ノット（全速）。魚雷二本を発射できるようになっていた。

刻々と開戦の時間は迫ってくる。もはや南雲中将にも迷いの影はなかった。

奇襲成功

攻撃第一波百八十三機、第二波百六十七機、合計三百五十機の飛行機は、七日中に諸整備を終わり、第一波の各機はすでに魚雷・爆弾などを搭載し、飛行甲板に押し並んでいた。整備員たちは徹夜で機を守るつもりなのか、艦内へ降りようとしない。エンジンを再点検する者、ガソリンを再確認する者、魚雷や爆弾の信管を何度も調べている者、等々。すでに整備は完了しているのだが、じっとしてはおれないのだ。搭乗員とても同じで、愛機の座席について操縦桿を握っている者、敵艦の模型をズラリと並べて眺めている者、窓から外をのぞいている者、等々。これも明朝に迫った一大事を前に、とても眠ってなどはいられないようだった。

単冠湾を出て以来、風浪は常にはげしかったが、いよいよ最後のコースに入り、速力二十六ノットとなると、各艦の動揺ははげしく、片舷で約十五度、両舷合わせて三十度以上にローリングしている。草鹿参謀長は、南雲中将のかたわらで夜の海面を眺めていた。「長官は、自信がないらしいが……」と、それが数日来、草鹿の心底にこびりついていた。しかし、さすがは〝水雷屋〟で鍛えた長官だ。この大艦隊を思いのままに運航して、ついに一隻の船にも遭遇させず、今や〝飛行発進位置〟に向かって、最後の一夜を快走していた。ここまでくれば、ハワイ奇襲はなかば成就したも同然である。ここまで無事に母艦群を進め得るかどうかが、本作戦の第一難題だったのである。

「参謀長！」

と、長官が声をかけた。非常に張りのある声で、はッとするほど明るい感じだった。

「ここまで僕がもって来たから、あとは君たち飛行屋にまかせるからね。ここから先はもう、君たちの舞台だよ」

いかにも安堵した——という口調だった。草鹿も、にっこり笑った。

「おまかせ下さい！　ただハワイに空母が一隻もいないのは残念ですが、一部飛行機を空母捜索に使うのはやめて、このさい全力を真珠湾在泊中の敵艦隊主力攻撃に集中します」

「それでよい。攻撃途中で敵空母の所在がわかれば、臨機応変、攻撃しよう。今はまず真珠湾攻撃に全力集中だ！」

ハワイは平常どおり何の変化もなく、ハワイ放送は土曜番組にさざめいている。海は、すでに暗鬱な北方の海ではなく、南海特有の明るさで、うねりが大きい。夜光虫が舷側でさんさんと青光りしては流れ去る。

「奇襲——だろうか」

と、長官が呟く。

「たぶん、うまくいくでしょう」

草鹿は上空に目を上げ、

「ま、強襲になったところで、淵田がうまくやりますよ」

奇襲か、強襲か。これは攻撃成果をあげる上に、最大のキー・ポイントだった。奇襲の場合は、二列に停泊しているはずの敵艦列に対し、まず外側の各艦に魚雷攻撃を加え、つづいて高高度水平爆撃で内側の各艦を攻撃する。さらに間髪を入れず急降下爆撃隊が襲いかかり、重巡以下の残存艦と、飛行場その他、重要な地上施設を破壊し、第二波の攻撃を容易にする。

敵が防御態勢をととのえている場合は、強襲ということになり、この場合は奇襲時とは逆に、まず急降下爆撃隊その他が制空行動をとり、艦船、飛行場、飛び立つ敵機などを一撃した後、雷撃と水平爆撃にうつる。そのどちらを選ぶかは、攻撃隊の総隊指揮官・淵田美津雄中佐が決定する。淵田は、上空数千メートルから敵地を一瞥して、それを一瞬のうちに決心しなければならない。その一瞬の淵田の判定いかんに、この大作戦の成否はかかっているともいえるのだった。

南雲機動部隊の編成にあたって、航空参謀に任命された源田実中佐が、何よりもまず飛行隊の総隊指揮官として、淵田を引っ張り出した真意は、実にこの一瞬の指揮官の判定を重視したためであった。第二、第五の各航戦に属する飛行機まで一括して、すべての飛行機を淵田の指揮下に入れたのも、淵田の人物・技量を見こんでのことで、源田サーカスの異名をとった源田実は、当時の海軍航空隊随一の男として、盟友淵田を認めていたのである。それは、淵田が「赤城」に乗り組んだとき、すぐ長官にも参謀長にもわかった。航空戦術に大卓見を包蔵しており、実兵指揮能力も非のうちどころがなかった。こういう逸材がよくも居合わせていてくれたものだと、天に感謝するばかりだった。

攻撃隊は第一波、第二波に分かれていた。総指揮官は淵田で、第一波を直接指揮して攻撃に加わる。第二波は嶋崎重和少佐が指揮する。その編成はつぎのとおり。

第一波（淵田中佐指揮）　合計＝百八十三機
水平爆撃隊（淵田中佐）　九七式艦攻・四隊——四十九機
雷撃隊（村田重治少佐）　九七式艦攻・四隊——四十機
急降下爆撃隊（高橋赫一少佐）　九九式艦爆・二隊——五十一機
戦闘機隊（板谷茂少佐）　零式艦戦・六隊——四十三機
第二波（嶋崎少佐指揮）　合計＝百六十七機
水平爆撃隊（嶋崎少佐）　九七式艦攻・二隊——五十四機
急降下爆撃隊（江草隆繁少佐）　九九式艦爆・四隊——七十八機
戦闘機隊（進藤三郎大尉）　零式艦戦・四隊——三十五機

運命の一夜は刻々とふけていった。風はいっこうに衰えず、台風圏内にあることが誰にも感じられた。真珠湾北方二百七十五カイリ、北緯二十六度、西経百五十八度の飛行発進点はもう近い。この日ハワイの日の出は、日本時間で午前二時五分であった。

ついに運命の十二月八日（ハワイ時間七日）へと時計は進み、東方洋上には早くも黎明の色がほの見えはじめた。

「搭乗員起こし！」の命令が艦内に伝わると、急に、一種異様な緊迫感が艦内にみなぎった。もともと眠っていた者などは少なく、搭乗員の多くは愛機の位置で夜を明かしていたのだ。

いよいよ世界史の新しい一頁に大書されるべき大作戦を決行しようとする一同は、当直も非番もなかった。何時間か後には、機動部隊はもちろん日本の運命をさえ決しようという一挙が、敢行されようとしているのだ。

洋上はまだ暗かった。風速は十五〜十七メートル。だいたい東の風であった。月齢十九日の残月は、空をおおう断雲の上で、姿を見せたり隠したりしている。この断雲が、ずっと南方までつづき、ハワイ上空までおおっているとすれば、攻撃隊はハワイの島さえ発見し得ないかも知れない。しかし、それは淵田中佐に一任するしかなかった。問題は、この強風である。

母艦を発進するのには、この強風に向かって飛び立つのはあつらえ向きであった。しかし、その強風が引き起こしている海面のうねりは、機の離艦を非常に困難にする。ことに重い魚雷や爆弾を抱えている艦攻機にとっては、両舷三十度以上のうねりははなはだ危険だった。なかでも雷撃機がもっとも危ぶまれる。

草鹿参謀長は長い間、そのことを苦慮しつづけていた。これは〝水雷屋〟の南雲長官にはわからないことだ。うっかり相談すれば、無用の心配を起こさせ、そのためかえって用兵を誤ることになる。「僕がここまでもってきたから、あとは君たち飛行屋の舞台だ」と、長官はいったのではないか。ここは草鹿参謀長の判断で、ことを決しなければならない。

しかし……いくら考えても、堂々めぐりするばかりで、なかなか最後の断はつかない。時刻は刻々と夜明けに迫る。草鹿はたまりかねて、ついに源田中佐に話しかけた。

「航空参謀。このうねりでは、雷撃機の発進だけは、むつかしいのじゃないか」

「そうですね」源田もそのことを考えていたらしく、すぐ返答した。

「雷撃機は見合わせて、爆撃機だけにしますか」

「うむ！」草鹿は一つうなずいて、

「長官。攻撃隊は、戦闘機と爆撃機だけにします！」

「そうか……」南雲は、何かいいかけたが、「うむ。よかろう」と、うなずいた。

ただちに「赤城」の発火信号が点滅しはじめた。他の母艦へ「雷撃隊の発進中止」を、指令しはじめたのである。その信号がまだ終わらないうちに、艦橋へどっと飛びこんできた一団がある。みな血相変えており、そこが、司令部幕僚と関係者以外の立ち入り禁止場所であることなど、てんで無視していた。

「航空参謀ッ。なぜ雷撃隊だけ、攻撃に参加させないのか！　理由を聞きたいッ」

村田重治少佐以下の雷撃隊員たちであった。

「このうねりでは……」と、源田参謀が説明しはじめると、

「なんですとッ。うねりですか、理由は。何をバカなことをいわれるのですッ。このくらいのローリングやピッチングで、われわれが発着できないといわれるのですかッ」

「ばかも休み休みいって下さい！　海にうねりがあるのは当たり前じゃないですか。何のために当機動部隊の一員になったのか、それじゃまるで訳がわからないじゃありませんか。このの肝心の一撃に参加しないくらいなら、何のために今まで猛訓練をしてきたのですッ。自分

らの腕前では、このくらいのうねりでも飛べない、といわれるのですかッ」

「考えてみて下さいよ。ここで、おめおめ引き下がることができるものかどうか……そんな海軍軍人は一人もおるものですかッ。ましてわれわれは、『赤城』の乗組員ですぞ！」

「まあまあ」源田は両手で制した。

「諸君の攻撃精神はよくわかるが……」

「何がよくわかるのですッ。ちっともわかってはいないじゃありませんかッ」

「わかっているのなら、それで充分でしょう。取り消して下さいッ、中止命令を！」

これは源田ではおさまりがつかないと見て、草鹿少将が一同の前に進み、説得にかかった。しかし一同いよいよ激昂するばかりである。

「参謀長ともあろう人が、必死を期して攻撃に飛びたとうとする将兵の気持をわからないということがあるものですか！　一機よく一艦を屠《ほふ》る、といわれたのは、閣下じゃありませんか。誰が安全などを考えているものですか！　みな死ぬ気ですよ。死のうというのに、このくらいのうねりが何ですかッ」

「とにかくわれわれは勝手に飛びますからね。どうせ死ぬる以上、処罰は受けないでしょう」

「下士以下の血相を見て下さい！　このままじゃあ、『赤城』を爆破するかも知れませんぞ。長い間訓練してきて、いよいよというとき、攻撃隊からはずされたような前例が、いったい帝国海軍にあるのですかッ」

彼らの怒りはいつまでも静まる気配がなかった。黙って艦橋外に押し並んでいる下士たちの目も、尋常ではない。

「待て！」

ついに長官の号令が落ちかかった。海軍では、この号令がかかると、どんな状態でも、いかなる者でも、その場で姿勢をただして待機しなければならない。しかも最高司令官の号令だから、一瞬、艦橋は静まりかえった。長官は、ゆっくりと一同を見まわした。

「お前たち。このローリングの中で、魚雷を抱えて、みごと発艦できるというのか」

「もちろんですッ」「やれます！」「やらせて下さいッ」いっせいに返事がはねかえった。

「わかった」長官は一つ大きくうなずき、

「参謀長。出してやっては、どうか」

「はァ……出してやりますか」

草鹿は、目をしばたたかせながら、進路上空を見上げた。雲のひとところ、月光が明るく、ぐんぐん雲は西へ流れていた。

「ようし！」と、源田がいった。

「そのかわり、きさまら、きっと大戦果を上げるんだぞ」

そのひとことを聞いた下士一同は、喚声をあげて艦橋をおりていった。

十二月七日午前六時（日本時間八日午前一時三十分）、発進命令が下った。

「奇襲作戦は成功せり。全員突撃せよ！」

一機また一機、エンジンの音を風に流しては、驚くべき早さでつぎつぎに発艦する。長官以下、幕僚、艦長、整備員その他、手のあいている者一同が、帽子を振りつづけている。淵田隊長の率いる水平爆撃隊の四十九機を先頭に、右後方に村田少佐指揮の四十機の雷撃隊、左後方に高橋赫一少佐指揮の急降下爆撃隊が五十一機。その上空には零戦四十三機を率いた板谷茂少佐の戦闘機隊が護衛についている。

この第一波百八十三機が編隊をととのえたのは、発進下令後わずか十五分という、驚異的スピードであった。この一事を見ても、これら搭乗員が優秀な連中ばかりだったことが察しられよう。

このときの位置はオアフ島の真北二百三十カイリの地点で、各空母は風に向かって、真東の針路をとっていた。あたりは、ようやく暁の色がさしはじめ、次第に明るさを加えつつあった。第一波全機を発進させた「赤城」は、ほっとした表情。「針路百八十度。十八ノット」と、南雲長官の号令がかかる。するすると旗旒《きりゆう》信号が上がり、各空母はいっせいに真南へ変針、二十四ノットを十八ノットに落とし、オアフ島に向かって南下しはじめた。

ただちに第二波攻撃隊の出撃準備がはじまっており、機は格納庫からエレベーターでつぎつぎに甲板へ上げられている。これは発進の逆順序に飛行甲板へ出され、後者から並べられる。

約五十分後の午前七時五分（日本時間＝八日午前二時三十五分）、母艦群はふたたび東のコースに変針した。ただちに第二波攻撃隊の各機が飛び立つ。第二波指揮官は、水平爆撃隊を直卒する嶋崎重和少佐で、「翔鶴」「瑞鶴」から水平爆撃機五十四機を率いて飛びたった。江草隆繁少佐の率いる急降下爆撃機七十八機は、「赤城」「加賀」「蒼龍」「飛龍」の四空母から発進した。護衛は進藤三郎大尉の指揮する零戦三十五機、これは「赤城」から発進した。

第二波合計百六十七機の発艦は、十数分であった。こうして、第一波、第二波、合計三百五十機は、一時間半のうちに全機無事発進したのである。ここで艦隊はふたたび南に転針、十八ノットに減速して、オアフ島北方百七十カイリの一点を指して南下する。第二波の編隊は断雲の上に出て、次第に南へ遠ざかる。南雲中将は望遠鏡で、いつまでも編隊の行方を見つめていた。誰一人、口をきかず、無気味な三十分が過ぎた。

「敵艦隊ラハイナ泊地になし。〇三〇五」との無電が、まずはいってきた。この「〇三〇五」とあるのは二十四時間制による陸海軍の時間表記法で、これは「午前三時五分」（ハワイ時間午前七時三十五分）である。この無電を発信したのは、三川軍一中将指揮の支援隊の重巡「利根」と「筑摩」から飛びたった水上偵察機で、引きつづきつぎの無電がはいってきた。

「敵戦艦九、重巡一、軽巡六、真珠湾在泊中。〇三〇八」

発信時間があまりずれていないのは、攻撃隊がハワイに襲いかかる時刻を待っていたためであろう。それにラハイナ泊地にしても、パール・ハーバーにしても、その真上から無電を打つわけにはいかないという事情もあった。

とにかく、真珠湾上空へ、水上偵察機が到達し得たことがわかった。また、高度は不明ながら、停泊中の艦型を識別できる（雲量の状態によっては見えない）ということもわかった。

南雲中将は思わず、口元をほころばして、草鹿参謀長を見た。草鹿も、うなずいて笑顔になる。艦橋の幕僚たち一同も、たがいに顔を見合っては上首尾だという表情だ。アメリカ側では何も知らずに、あの狭い真珠湾の中におびただしい艦船をつめこんでいるのだ。攻撃隊の戦果は、もはや疑うべくもなかった。

午前七時四十九分（日本時間午前三時十九分）、淵田総隊長機より「トトトト……」（全軍突撃せよ）の電令が発せられた。「おう、突撃だ！」と、誰かが叫ぶ。長官以下、顔を見合わせ「奇襲か、強襲か」を案じる表情……異様な緊迫の数秒が流れる。非常に長い時間に感じられた。

「トラトラトラ」（われ、奇襲に成功す）

「赤城」の艦橋は一瞬、感激のるつぼとなった。南雲と草鹿は、いつの間にか手を握り合っていた。参謀たちもたがいに抱き合い、何だか、ぶるぶる全身をふるわせている感じだった。

刻々と各指揮官機からの報告が入電していた。「われ、敵主力を雷撃す。効果甚大。〇三三五」「われ、敵主力を爆撃。地点真珠湾。〇三四〇」等々、激烈な雷爆撃の報告——につづいて、地上施設破壊の報告——格納庫炎上、飛行機炎上等々が、ひっきりなしに入電した。

敵の対空砲火については、「雷撃後、防御砲火あり。〇三五七」との報告が最初で、これから次第に、対空砲火が熾烈になってくるのである。

第一波攻撃

海上は密雲におおわれていた。淵田中佐は、この漠々たる密雲上で、はたしてハワイを発見できるだろうかと、一瞬、不安に襲われた。しかし賽《さい》は投じられたのだ。もはや発進位置を信じて飛行するほかはない……発進位置は、ハワイの真北、約二百三十カイリと推定されていた。

この発進位置の推定が狂っていれば、飛行編隊の行動は非常に困難になる。二百三十カイリを真南に飛んで、もしハワイの島影が見えなかったら、付近を捜索しなければならなくなる。すると攻撃予定時間は大狂いする。それよりも、ついにハワイを発見できないような事態が起これば、海軍全体の作戦計画が狂ってしまうのだ。第一、何のために三十余隻の大艦隊が、辛苦を重ねて十数日間の大航海をやってきたのか、まるで無意味になるばかりではなく、かえってハワイ基地から敵の大艦隊が出撃して、わが機動部隊を全滅におとしいれてしまうかも知れない。目ざすオアフ島は、はたして発見できるだろうか。

淵田中佐が第一波を率いて発進をおこしたのは、だいたい午前六時二十分ごろであった。飛ぶこと十数分、東の水平線を破って太陽が躍り出た。密雲は光彩を七変化し、やがて灰色の層雲となり、見わたすかぎりの海上をおおっていた。ハワイの日の出は、この日午前六時三十分。日本では八日の午前二時だ。中佐は層雲の切れ目、切れ目に、ワシのような眼光を光らせては、一路南へ飛んだ。海面は朝陽に照り輝き、ところどころ眩しく、ほとんどは青い深海であった。船の影一つなく、落下すればそのまま痕跡一つとどめず呑まれてしまう深さで、無限にひろがっていた。

飛行機は、他の兵器や乗り物とは、根本的に違っていた。いうならば、それは弾丸に近い乗り物である。今次大戦では、飛行機が、空間的にも、時間的にも、戦争の形式を根本的に一変させるのだが、このときはまだ淵田ほどの人物さえ、おそらくそのことに気づいていなかったにちがいない。

飛行機一機の破壊力は、大戦艦さえ轟沈させたし、やがては広島の原爆投下に見られるごとく、一都市さえ破壊しつくす戦力を秘めていた。が、飛行機そのものは、一個の輸送機関でしかない。その固有の戦力は、戦車にも軍艦にも、陸戦部隊の一個分隊にさえも及ばない。そういう性格からして、部隊だの火砲、あるいは艦艇、戦車などという戦闘単位とは、まったく別の観念で認識されていた。また、決して同じ性質のものでもなかった。軍艦や大砲、戦車と共通する性質の部分もあるが、同時に、大砲から撃ち出される弾丸、発射管から発射される魚雷と同じ性質の部分も併存していた。一度飛びたったが最後、ミスその他で墜落した場合でも、九十九パーセントは生還できないのだった。陸地上を飛ぶ場合なら、不時着という方法があり得たが、洋上を飛ぶ艦載機の場合には、それさえなかった。パイロットたちは、この開戦という時点では、まだ充分そのことを自覚してはいなかったが、彼らは他兵種の者とは全然異質な、いわば人間魚雷であり、人間弾丸でもある性質を具備していたのである。

このときの淵田美津雄中佐も、そこまでつきつめた自覚があったかどうかは疑問である。

ただ漠然と、一度飛びたったからには、生還は期していない——といった、日本陸海軍人のどの戦場にも共通した、実感というよりも、むしろはなはだ遠い意識として、いわゆる〝決死〟だったのにすぎなかったのだろう。

とにかく——ここまで来たからには、何が何でもハワイに襲いかかり、アメリカ太平洋艦隊主力を全滅させてやるぞ、という意気だけに燃えていた。この敵艦隊〈主力〉という概念に、どうして〝空母〟が第一に浮かび上がってこなかったのかは、まったく〝先入観の恐しさ〟を証明してあまりあることだ。日本から三千カイリの波濤を越えて、未曾有の大襲撃を可能にしたものは、まさに〈航空母艦〉という巨大な移動飛行場の実在であった。それなら、敵の戦力中でもっとも恐れるべき存在は、その空母ではなかったのか。こういう単純な着想が思い浮かばなかったのは、当時日本海軍ではまだまだ大艦巨砲主義が基本戦術思想であったことにその一因はあろう。

敵空母に対する索敵としては、重巡「利根」から飛んだ水偵機（ラハイナ基地に敵艦なし——と打電した水上機）および「筑摩」から飛んだ水偵機（真珠湾内の敵艦艇について打電した水上機）の二機が、この日の出直後から、ハワイの南方洋上をくまなく捜索飛行してはいたのである。しかし、これはわが機動部隊への攻撃を予防するのが主目的で、戦術的に空母の重要性を感知していたからではなかった。

草鹿少将や源田中佐は、さすがに航空界育ちだったので、空母を求める心が他人より強かったが、それも、この時点ではまだ漠然とした、ほとんど習性的なものでしかなかった……。

淵田中佐は次第に不安になってきた。飛んできた速力と時間から計算すると、すでに二十分ぐらい前から、ハワイの島影が確認されていなければならないのに、まだ何ら陸らしいものもなく、一望の海面をおおって密雲が、もくもく動きつづけているだけだった。

発進地点の推定が狂っていたのか、東方へ行き過ぎていたのか、あるいは西方か、どこで旋回するべきか、右旋か左旋か……淵田は凝然たるおももちで、無意識にまた双眼鏡を目にあて、前方の雲の切れ目を二つ三つ丹念にのぞいた。依然として青一色の海だ。

「うむ……」眼鏡を日からはなした。そのとき、ふと脚下の雲の切れ目が視界にはいった。何気なく一瞥した淵田の目が、急に爛々と光った。海の中に一線、くっきりと白い弧線が横たわっている。

がしッと眼鏡を顔にぶっつけ、淵田は深々と上体を折り曲げ、その断雲下を凝視した。海岸線だ！　飛行場が見えた！　飛行機も並んでいる！　模型で暗記したとおりのオアフ島が、今こそ脚下にあった。時計を見ると午前三時十五分——ハワイ午前七時四十五分。日の出から一時間十五分たっていた。

ふりかえると、百八十三機の大編隊は、高く低く、巧みに層雲をよけては、みごとに淵田機につづいている。みな自信満々たる飛行ぶりだ。

「分散隊形をとれ」

無電指令が飛んだ。この無電を受けた各機の乗員たちは、思わず眼下に目をやった。何たる幸運！　このときオアフ島の上空だけが、ぽっかりと雲の割れ目の穴になっており、円形の海岸線にくまどられた、夢にまで見ていた形の島が、くっきりと大洋中に横たわっているではないか。ラハイナ水道が細長く見える。ヒッカム飛行場がある。点々と飛行機が並ぶ……ハワイはまったく平時状態だ。

編隊は、見る見る攻撃隊形に開いた。戦闘機隊は一段高空へと舞い上がり、各攻撃隊の上空を旋回する。村田重治少佐の雷撃隊が、早くも攻撃コースに向かって高度を下げはじめている。上々のコースだ！　高橋少佐の急降下爆撃隊は、はるか左後方に編隊をととのえ、淵田総指揮官からの突撃命令を待っている。淵田直率の水平爆撃隊は四隊となり、一番機・淵田機にぴったりくっついている。旋回しながら下界を見ると、まだハワイの万象は眠っているかのよう。朝霧が散るらしく、刻々と地上の風物は鮮明になりつつある。相当の強風をおかして南下してきたし、今も十四、五メートルの風速中を飛んでいるのに、真珠湾内の水面には波一つない。さすがは大艦隊の根拠地だ。外海からはほとんど完全に防護された海面である。

全艦艇、静止しており、一筋の煙も立ちのぼっていない。兵舎が整然と並ぶ。人影はまるでない。重油タンクは真っ白く塗られており、絶好の攻撃標的だ。市街を抜け出して一条の舗道が、うねうねと山へ登る。雲量七（七割くらい）。各編隊の攻撃隊形は充分。

「トトトト……」（ト連送）突撃を下令した。

雷撃隊は、乱雲を突き破って一直線に降下しはじめた。これは訓練に訓練を重ねた雷撃行で、一機ずつの単列降下急襲だ。フォード島西側の泊地には、フォード島寄りにネバダ、アリゾナと工作艦ベスタル、テネシーとウェスト・バージニア、メリーランドとオクラホマが、それぞれ二隻ずつ並んでいた。やや離れて、カリフォルニアが見える。対岸の海軍工廠内には、ペンシルバニアが眠っている。

これらは全員が模型その他で、脳中深く刻みつけてある艦ばかりで、百に一つも見違えるものではない。

「射て！」

一番機の村田少佐機は、発射号令をくだすと同時に、最初の魚雷を投下し、さっと機首を起こした。敵艦の胴腹に激突せんばかりの位置で、このときすでに二番機は、これまた目標艦の胴腹まで二百メートルぐらいにまで迫っていた。

村田機が海面すれすれに艦列上をよぎったと思うと、もう二番機が機首を起こしており、三番機が突っ込んでくるところだった。その三番機の雷撃が早かったか、第一発目の魚雷が爆発したのが早かったか。一瞬、白い雷跡が静かな海中を走ったと思うと、轟然たる大爆発が舷側に炸裂し、ものすごい水柱が上空に向かって噴き上げていた。その水柱をくぐって、三番機と四番機が上昇してくる光景は、思わず手に汗握る決死の場面であった。爆風で一揺れすると、それらの機は、そのまま敵艦へ吹きつけられるほどの近距離へ殺到していた。

これがハワイ奇襲の第一弾で、またたく間に平和な島の眠りは破られ、惨烈な破壊地獄に一変していった。淵田が「トラトラトラ」（奇襲成功）の無電を打ったのは、午前七時五十二分であった。

轟音はつぎつぎに連発し、命中する魚雷が噴き上げる水柱は、さながら中天にかかる瀑布のごとく、上空の層雲にまで届くかに見えた。この大噴水のために、後続機は途中から雷撃進路に入ることができず、一時、上空を旋回、待機した。これまで——時間にして、せいぜい三分か四分間のことである。つづいて、黒煙がもうもうと立ちのぼり、爆撃隊は目標を見失いがちになってきた。雷撃機は正確に間をおいて急降下しては、未爆発の艦に向かって雷撃を続行する。急降下爆撃隊はヒッカム飛行場に爆撃を加えており、高高度水平爆撃隊は、二列に並んだ艦列の内側の艦に対して、必中弾を投下しはじめていた。

ヒッカム飛行場は大火災を起こし、カネオヘ海軍飛行場も大火災を起こした。米軍側は地上機をつぎつぎに炎上させ、反撃に飛びたつこともできない。対空火砲もまだ発射されず、攻撃各隊は悠々とハワイ上空を旋回しては、新しい目標をとらえて攻撃しつづけた。

「空襲、空襲、演習ではない！　本当の空襲だッ」

ハワイ放送局の必死の放送が、「赤城」の無電室で聴取される。敵の狼狽と、友軍の猛撃ぶりが手に取るように感じられた。もはや真珠湾内は〝鏡のよう〟な海から一変していた。魚雷の起こす幾十本の波と、爆発の起こす幾十の狂濤とがぶつかり合い、何ともいいようのない狂浪乱波がうねり狂い、おまけに、水道入口に近い巨艦カリフォルニアから吐き出された重油で、見る見る海面は油光りしはじめた。

アリゾナとメリーランドのあたりからも重油がひろがりはじめており、このギラギラ黒光りする海面を、つぎつぎに霊跡がよぎった。ついに、アリゾナとメリーランドが急傾斜しはじめた。いよいよ勇みたった急降下爆撃隊の一群が、つぎつぎにこのあたりを目がけて突っ込む。一瞬、黒煙の中に突っ込んだかと思うと、その黒煙中にパッパッと火の色が炸裂し、思いがけない地点へ、すっと抜け出しては急上昇してくる。

淵田中佐の指揮する水平爆撃隊は、このものすごい黒煙と火炎のために目標が見えず、一時、爆撃を見合わせて上空を旋回した。このころようやく対空射撃がはじまり、次第に弾幕が張りめぐらされ、黒煙と炎に弾幕が加わり、いよいよ目標をとらえにくくなってきた。一弾も無駄にはすまいと思うので、中佐はあくまでも上空を旋回する。巨艦の炎上と地上施設の猛火で、乱気流が不規則に上昇しており、機は前後左右に動揺するので、照準はいよいよ困難となった。しかも高角砲弾の炸裂は次第に濃密となり、一周、二周、ますます爆撃は困難となってくる。

が、好機はついにキャッチされた。「射て！」号令一下、各機は艦列めがけて必中弾を投下した。大爆発が気流をおし上げ、機体は大きな衝動を受けた。淵田がふりかえってみると、五百メートルに達する大黒煙が立ちのぼっており、どれかの艦が大爆発を起こしたものと判定された。

対空火砲の猛撃で、淵田隊の周囲には猛烈な弾煙が群れている。至近の炸裂弾で、機はぐらッぐらッと揺れた。淵田機にも破片が当たり、左胴体に大きな穴が一つ、ぽっかりとあいた。しかし平然と先頭を飛ぶ。と、五番機が被弾し、ガソリンが漏れているのが見えた。編隊を離れようともせず、悠々とついてくる。「左タンク被弾！」と知らせると、「われ燃料漏洩す」との無電を母艦あてに打ち、依然として編隊を離れない。「状況知らせ」と淵田機から打電すると、補助タンクのみとだけしか通報せず、自爆を覚悟しているものと思われた。

淵田中佐は第二目標のホイラー飛行場へと進路を向けた。ホイラーには、二百機以上の戦・爆機が並んでいた。これに対しては、まず戦闘機隊が舞いおり、いちはやく銃撃を浴びせかけていた。つづいて急降下爆撃隊が、これこそわが獲物とばかり、はやぶさのように舞い降りては爆弾を投下した。このとき風速は十四、五メートルあった。風上で火災が起こっては目標が見えなくなるので、「風下から順に狙え」という命令であった。

何しろ整然と並んでいる飛行機群なので、めったに無効弾はない。つぎつぎに炎上しはじめ、ホイラー飛行場はたちまち猛火につつまれた。

この日ハワイは快晴となった。無残な地上、海上の光景を、熱帯の明るい太陽がさんさんと照らしていた。

巨艦の一つは胴体が二つに切断し、重油の漂う海上に、無残に突っ立っていた。水線下の赤腹を露出しているのが二隻。四十五度も傾き、刻々と沈みつつあるのが一隻。猛火につつまれているのは三隻あった。フォード島西岸に停泊していたアメリカ太平洋艦隊の主力艦全部が、今や傷ついていた。

淵田中佐は第一波の全機に集結を命じた。オアフ島上空到着以来、一時間半を経過していた。もう第二波の襲撃がはじまっている。第一波各指揮官機は上空を旋回し、残存機はないかと血まなこで捜している。各隊とも何機か足りないのだ。傷ついて落ちたもの、自爆したものが、どの編隊にも何機かあった。集結機のうちにも傷ついた機は多く、見るから危ういのも見えた。しかし、救助の手をさしのべてやる方法はない。

仕方がない――もはやオアフ島上空には、はぐれていると見える機は一機も見えないので、淵田は第一波諸隊に帰航を命じた。

第二波と特殊潜航艇

第二波の攻撃は午前八時五十五分（日本時間午前四時二十五分）に開始された。このときはもう敵の対空射撃が本格的になっており、攻撃諸隊は非常に危険な状態にあった。

第二波の攻撃目標は、第一波の残した大型巡洋艦と、ヒッカム、フォードの両飛行場、別に飯田房太大尉の指揮する戦闘機隊が、カネオへ飛行場に殺到した。

オアフ島は火山爆発でも起こっているのかと思われるほどの凄惨な光景で、上昇気流がいたる所に乱立しており、対空火砲の弾幕が随所に突発し、攻撃各機の乗員たちは、はじめて体験する実戦の凄まじさに、今さらのように生死のはかなさを痛感した。

そういう苛烈な猛攻が一時間以上も続行された。アメリカが「リメンバー・パール・ハーバー（真珠湾を忘れるな）」と叫んだのは、敗戦後の日本人が「ノー・モア・ヒロシマ（広島の悲劇をふたたびくりかえすな）」と慟哭《どうこく》したのと、まったく同じくらいのショックだったのである。

カネオへ海軍航空基地に向かった飯田房太大尉指揮の零戦隊は、飛行艇と地上機あわせて約四十機を発見した。上空にはカーチス戦闘機が数機、舞い上がっており、必死の抵抗を試みた。指揮官機は攻撃機なので、敵戦闘機に対してはほとんど無力だった。しかし、出発前から「戦闘機は頼むよ」といわれていた部下各機は、猛然とP40に襲いかかり、たちまち全機を撃墜してしまった。これは、まさにタッチの差で、米空軍はこのとき、日本軍の第一次攻撃が終わったと見るや、反撃に飛びたとうとしていた一瞬であった。

飯田隊はただちに地上・水上機に銃撃を浴びせかけたが、ガソリンを満載していたらしくつぎつぎと炎上し、カネオへ飛行場はまたたくまに火の海となった。もはや攻撃目標もないので、編隊をととのえて帰途についたが、このとき列機が異状を感じて隊長機に接近すると、おびただしくガソリンが流出していた。はっとして機中を見ると、隊長は一方をしきりに指している。見ると、それが帰投方向だ。

「そうか！」と感じ、胸が熱くなったが、一刻も感傷にひたっている余裕などはない。「わかりましたあッ」と、聞こえるはずもないのに、どなりながら、自分もその方向を指して〝了承〟の合図をした。

その直後、隊長機はぐうッと反転、もと来た方向へぐんぐん遠ざかり、急降下に移った。雲の下へ、嘘のようにかき消えた。仕方がない……一同は、飯田隊長の指した方向に向かって一路、戦場を離脱した。

この機動部隊の大空襲が、これほどの戦果をあげ得るものとは、実は誰も予期していなかった。これでハワイ基地は当分使いものにならないし、アメリカ太平洋艦隊は事実上壊滅し、少なくとも一年間は太平洋西域への行動は不可能になったかと思われた。

が、計画段階では飛行機がそれほど破壊力を発揮できるものとは考えていなかったので、このとき機動部隊とは別に、日本独特の潜水艦隊による攻撃が併用されていた。まずマーシャル群島中のクェゼリン島で、燃料・食糧を補給した十六隻のイ号潜水艦が、二隊に分かれて行動を起こしていた。一隊はサモア島とフィジー島方面に向かい、その海域を監視した。他の一隊はハワイ海域に進出、十二月五日から真珠湾付近の偵察・哨戒にあたっていた。七日夜の配置は、もっとも前方で真珠湾から八カイリ、もっとも遠いのは百カイリという散開隊形をとっていた。

特殊潜航艇五隻は、このイ号潜水艦の背なかに取りつけられていたもので、七日夜、母艦を離れ、真珠湾さして発進したのである。湾口付近で掃海作業をしていた特務艦コンドルが、七日午前三時四十分（日本時間七日午後十一時十分）ごろ、浮標二カイリ付近で、この特潜の潜望鏡を発見。ただちに発火信号で駆逐艦に通報した。そこで駆逐艦ウォードが捜索にあたったが、発見することはできなかった。ウォードは二時間以上も捜索していたという。しかし、ひきつづいて哨戒中のウォードはついに午前六時四十五分（日本時間二時十五分。ハワイは日の出直後）ようやく探知し、爆雷攻撃を加え、これを撃沈したという記録が残っている。

工作艦アンテリース号の航跡にまぎれて、湾内に潜入したものも何隻かあった。湾口の防潜網は、何と午前八時四十分まで開いていたのである。この時刻は、機動部隊第一波の攻撃がはじまって約四十分以上も経過しており、アメリカ側がいかにあわてていたかを示すものである。

駆逐艦ウォードの艦長は慎重・忠実な軍人だったらしく、ちゃんと「本艦は、防御海面を行動中の潜水艦一隻を発見し、これに砲撃を加え、かつ爆雷を投下せり」と報告していたのに、右の報告を受けたアメリカ艦隊第十四海軍区司令部では、いったいどういうふうに受理したのか、明らかでない。このとき非常態勢をとっていれば、まだ日本の第一波は、ハワイ北方を南下中だったのである。攻撃までに約一時間以上もある。

何隻かが湾内に潜入したことは、日本側にも確認された。翌昭和十七年三月六日、大本営は「沈着機敏なる操縦により厳重なる敵警戒網ならびに複雑なる水路を突破、全艦予定の部署に拠り港内に進入、あるいは白昼強襲、あるいは夜襲を決行、史上空前の壮挙を敢行」したとして、十二月八日午後四時三十一分（ハワイ時間七日午後九時一分）、アリゾナ型戦艦を轟沈させた、と発表しているが、これはあまりにも景気がよすぎて信用できない。特潜の攻撃について、ゴードン・W・プランゲ博士は、その著『トラトラトラ』（日本リーダーズダイジェスト社刊）の中で、つぎのように語っている。

「イ六九潜の艦長渡辺勝次少佐は、午後九時一分に戦艦アリゾナの爆発を認め、湾内に進入した特殊潜航艇の攻撃によるものと考えた。これはあとで日本側に特殊潜航艇の攻撃について間違った判断をもたらす一因となった。事実、そのとき、まだ一隻の特殊潜航艇が爆雷に悩まされながらも、湾内をうろついてはいたが、その魚雷はすでにむなしく発射されてしまっていた。この艇が壮烈な最期をとげたのは、攻撃三日後の水曜日であった」

また一隻は、午前八時十七分、日本空軍の攻撃がはじまってから、湾口水道の岩礁に乗り上げたところを、アメリカの哨戒駆逐艦ヘルムに発見され、攻撃されている。これはしかしうまく岩礁をすべり抜け、沈下し、敵の目をのがれた。だが、艇は魚雷もコンパスも損傷してしまい、またもや座礁してしまう。艇長・酒巻和男少尉は艇から脱出し、オアフ島の海岸に打ちあげられ、昏倒しているところを捕らえられ、捕虜第一号となった。

いずれにせよ、特殊潜航艇の攻撃については五隻とも未帰還なので、活躍の実態は一切不明である。一隻は掃海艇の砲撃と爆雷攻撃で撃沈。二隻は駆逐艦、一隻は軽巡に攻撃されて撃沈。残る一隻が酒巻艇という次第で、だいたい何ら戦果はなかったと推定されている。

酒巻少尉が捕虜になったことは、米政府からの通告ですぐわかったが、海軍省はかたくこれを秘した。このため特潜十勇士は九人となり、〝九軍神〟というヘンな発表（特潜は五隻で将校と下士官のペアなのに九人とはおかしいと当時からいわれてきた）となったのである。この論功行賞は翌年三月にあり、九軍神と、空襲部隊のうちハワイ上空での戦死者だけが、ともに二階級特進した。

十二月八日の朝六時、日本内地では「帝国陸海軍は今八日未明、西太平洋において米英軍と戦闘状態に入れり」という簡単な（しかし重大な）発表があったが、戦果らしいものの発表はなかった。その午後一時、大本営海軍部発表で「帝国海軍は本八日未明、ハワイ方面の米国艦隊ならびに航空兵力に対し決死的大空襲を敢行せり」とあり、まだ戦果発表はない。

夜八時四十五分にはじめて戦果発表があったが、そのときも「戦艦二隻轟沈、同四隻大破、大型巡洋艦四隻大破（以上確実）、敵飛行機多数撃墜破——わが方、飛行機の損害軽微」という、簡単なものであった。

　これは南雲長官が無線を禁じて戦果報告をひかえていたため、容易に全貌が判明しなかったためである。しかし内地では十三日、十八日と逐次、追加発表して、ついには誇大発表の第一歩を踏み出すことになる。

反復攻撃決行せず

　各攻撃隊からの入電によって、予期以上の戦果であることは、「赤城」の艦橋では早くからわかっていた。しかし問題は攻撃隊の帰投時だ。敵が反撃に出るとすれば、編隊の引き揚げを狙って追随してくるのが常道である。その反撃目標は、もちろん空母だ。

　源田航空参謀は、他の幕僚たちが喜び合っているのを尻目に、じっと天の一角を睨んで突っ立っていた。ぽつっと編隊が見えた。双眼鏡で見る……友軍機だ。ついに第一波が帰ってきたのだ。整々と編隊を組んでいる。追ってくる敵機はいない。

「長官。どうやら攻撃は成功したようです」

　源田がはじめて、ほっとしたように口をきいた。南雲長官が二つ三つ、うなずく。

　攻撃隊は続々と母艦上空に帰着し、ただちに着艦しはじめた。整備員たちの動きは訓練のときとまったく変わらない。着実に、てきぱきと一機ずつ迎えては誘導する。しかし、何を話し合っているのか、やけに大声で搭乗員と会話しており、その声がガンガン響いてくる。誰もが興奮しているのだ。ときどき、愛機のまわりを一巡して、損傷個所をなでまわしている者も見える。泣いているらしい整備員もいる。機の損傷に泣いているのではない。帰ってきたことが信じられないのだ。

源田は飛行甲板へ降りて、各隊指揮官から戦況を聞いた。予想以上の大成功で、敵は数機が離陸したものの、第二波の飯田戦闘機隊にたちまち叩き落とされ、ついに反撃は不可能の状態であるらしい。

整々迅速に着艦作業は進み、第二波の諸隊も着艦しはじめた。「淵田は?」と、ついに源田がきいた。未帰還機については、何もきかないのが定石だ。しかし淵田は同期生だ。いや、もう一つ理由があった。ぜひ淵田自身にききたいことがあったのだ。

「は。総隊長機は後に残られました」

「残った?」源田は時計を見て「もう相当、時間がたっているのに……」と呟いた。そのまま艦橋へ上がった源田は、むっつりと天の一角を睨んでたった。淵田機は尾翼に赤線が三本ある。帰ってくれば一目でわかる。

そのころにはもちろん淵田機は一路、帰路を飛んでいた。彼は、第二波攻撃隊を帰したあとまで、オアフ島上空に残っていたのだ。はぐれた部下を捜し出しては編隊に加えた。最後の二機をキャッチしたときは、ハワイ上空ですでに三時間以上を過ごしていた。もちろん戦果を正確に認めた上で、長官に、自信をもって報告したかった。

「帰ったぞうッ」と、甲板に一大歓声が上がった。まぎれもない淵田機だ。双眼鏡に、くっきり赤線が三筋。源田は、きっと草鹿参謀長を見た。猛禽類のように鋭い眼光だった。

「参謀長ッ。第二次攻撃をやりましょう！」

「なに？　二次攻撃だと」

草鹿は驚いて、まじまじと航空参謀を見つめた。そのかたわらで南雲長官が、ちょっと顔を動かしかけたが、そのまま前方を見つづけた。

「参謀長。奇襲に成功して敵の反撃力を封じた今、おっかぶせて攻撃を加え、再起不能にしておくのが重要です。ここで手を抜いては、アメリカは巨大な機械力で、またたく間に立ち直ってしまいますぞ！　息を吹き返させては、これまでの辛苦は水の泡です。二度とハワイ近海まで遠征できるかどうかはわかりませんぞ。これが二度とないチャンスというものです。あとで後悔するより、多少のムリは押して第二次攻撃を命令しましょう！」

「うむ……しかし、敵の空母を一隻もやっつけていないぞ。どこにいるのかも不明だ。これに横合いからやられると、ちょっと収拾がつかないことになってしまう」

草鹿は慎重だった。長官の慎重さに対しては、草鹿が積極論を吐く。しかし源田の積極論に対しては、草鹿は慎重に構える。こうして機動部隊の英知は絞り出されるのだ。

「敵の空母があらわれてくれれば、もっけの幸いです。そいつも撃破してこそ、今回の作戦は有終の美を飾った、というべきです」

源田は、すでに一時間以上も思案を練っていたことなので、明快に切り返す。

大石先任参謀が「敵の重爆も少しは残っていると予想しなければならない。いつまでも敵の攻撃圏内にいるのは、上策ではない」

「何ですか敵の重爆ぐらい！　現在の彼我の戦力は、圧倒的に当方が優勢です。攻撃の主導権はわれわれにあるのです。重爆が出撃してくれば、直衛機が叩き落としますよ」

が、このとき全幕僚の考えは「所期の戦果を上げた以上、すみやかに敵の攻撃圏外へ脱出」というのに傾いていた。これは、一つには、かつての図上演習で、敵の反撃にあい、攻撃部隊が大損害を受けていたからだといわれている。

そういうことだったのだろうが、その敵の反撃というのは、どういう戦況下に行なわれたものか、を忘れているのだ。このときのハワイの実情では、とうてい大規模な反撃などは思いもよらないもので、もし陸戦隊を同行していたら、簡単に占領できたのである。源田の頭脳の方が柔軟で、核心をついていたのだ。しかし、未来のことはもちろん誰にもわからない。源田は一人で、参謀長以下を向こうにまわして激論をつづけた。だいたい本作戦の直接の指導者は源田であるから、他の幕僚たちはみな、正面きって源田と口論できるものではない。当然、参謀長が一同を代表して、源田の過激論に対することとなった。両人とも航空界では有名な人物だ。それぞれ一見識を包蔵しているので、議論はいつ果てるともつかない。しかし、どちらに決するかは、寸秒を争う場合なのだ。

「待て」ついに長官の声がかかった。

「総隊指揮官が帰ったようだから、その報告と意見を聞いてから決めてはどうだ」

「はっ」両人とも、沈黙した。「ただちに艦橋へ上がれ」との命令で、淵田中佐は急行した。室内を一瞥し、艦長・長谷川大佐に向かって敬礼した。すると艦長が「向こうだ」と、目くばせする。南雲長官の方だ。淵田は「おや?」と思いながら、長官に向き直って敬礼した。

「ご苦労だったな。戦果はどうか」

「戦艦四隻撃沈は確実。他の三艦も大破しましたが、一隻だけは不確実です」

その他についても、淵田自身が得心のいくまで確認したことだから、これは正確に、すらすらと返答した。

「敵航空基地の状況はどうかね」

「火災の煙でよく見えませんが、飛行機は一機も認められませんでした。だいたい片づいたとは思うのですが、まあ少しは残っていると予想した方が安全でしょう」

淵田も、なかなか返答のむつかしいところだ。この航空機の破壊度は、『ニミッツの太平洋海戦史』(恒文社刊)によると、海軍が八十機、陸軍が二百三十一機を失っており、攻撃後使用できた飛行機は、わずかに七十九機にすぎなかったという。

「では」と草鹿がいった。

「敵機の出撃を予想しなければならないわけだな」

「参謀長!」と、源田がたまりかねて口をはさんだ。

「そんなことは問題じゃないと何度も申し上げたじゃありませんか」

大石先任参謀が「対空砲火はどうかね」

「攻撃開始後しばらくして射ちはじめました。雷撃機隊の半分と、第二波は相当やられましたが……」

「ま、休んでくれ」と、草鹿が「攻撃かどうかは、司令部ですぐ決定するから」

このとき、第二航戦の山口多聞少将から「われ、第二次攻撃の準備完了す」との無電がはいってきた。この山口第二航戦司令官は、南雲中将には過ぎた部下の一人で、あらゆる意味で南雲長官の手にはおえない逸材だったらしい。

「赤城」の艦橋ではふたたび議論がむし返された。このときの未帰還機は、牧野三郎大尉機、飯田房太大尉機、鈴木之守大尉機以下の二十九機、人員五十二名で、第一、二波の出動機数からすると、一割に満たなかった。ただし、淵田機をはじめ百数十機の被弾機があったので、最初ほどの機数を出動させることはもちろんできない。しかし源田参謀の主張では、「真珠湾上空の制空権はわが方にあるのだから、母艦をもっとハワイに近づければ、直衛と編隊護衛を両睨みに、戦闘機を有効に使用できる。恐れずに決行しよう」というのだった。

大石参謀は「今度は強襲になるから、損害はふえる」と、引き揚げ説だ。「ふえる損害より、ハワイ根拠地を再起不能にする戦果の方がはるかに大きい！」と、源田は主張したのだが……。

その〝ハワイ根拠地覆滅〟という考え方が、そもそもはじめから用意されていなかったところに、日本海軍のミスがあった。源田にしても、その冴えたカンでとっさに思いついたまでのことで、一年、いや半年さきの様相を予想していたわけではなかった。第一、アメリカ海軍にどれほどの建艦能力、修理能力があるのかを、誰一人知ってはいなかったのである。もし知っていれば、たぶん戦争などははじめなかっただろう。

ついに草鹿が長官に進言した。

「敵空母の所在が一切判明していません。まず、その奇襲を特に警戒する必要があります。つぎに、今後の作戦を考慮すると、ここで強襲による損害を増大させるのは下策だと考えられます。航空参謀の意見は聞かれた通りですが、大局上、ここは、いつまでも敵の攻撃圏内にとどまっているのは不利でしょう」

いよいよ南雲が決定しなければならない破目になった。これまでは、ほとんど草鹿と源田にまかせきりで、二人が決定した通りを採用してきたのだが、草鹿と源田の意見が対立しては、南雲自身が断をくだすほかはない。

攻撃か、引き揚げか……一瞬しんとなる。「引き揚げよう」と、ついに南雲が断じた。

「第一航路をL点（補給予定地）に向かう」

艦隊はただちに動き出した。まず北に向かう。やんぬるかな——源田は、いつまでも南の空を見つめていた。同じ思いは、淵田であり、第二航戦旗艦「飛龍」艦上の山口少将であったろう。

目標を誤った機動部隊

日本が開戦を決意するにあたって、東と西に二つの脅威があった。東の脅威は、アメリカが「千万ドルのげんこつ」と誇っていた真珠湾（パール・ハーバー）であり、西の脅威は、イギリスが「東洋のジブラルタル」と喧伝していたシンガポール要塞であった。このため、開戦劈頭の主作戦を、海軍はハワイ攻撃戦に、陸軍はシンガポール攻略戦（マレー作戦）に指向した。

その「千万ドルのげんこつ」に大奇襲をかけ予想以上の戦果をおさめたのだから、南雲提督の得意や思うべしである。事実またこれから教ヵ月間の〝南雲機動部隊〟は、名実ともに世界一の新鋭艦隊で、その縦横無尽の活躍ぶりには、米英ともにほとんど手が出ず、猛将南雲の声望は全世界に鳴りひびいていった。

この奇襲攻撃の戦果は——撃沈＝戦艦四隻、敷設艦一隻。標的艦一隻。損傷＝戦艦四隻、軽巡三隻、駆逐艦三隻。水上機母艦一隻、工作艦一隻。計十八隻というもので、この結果、米太平洋艦隊の戦艦で無傷なものは一隻もなくなった（『日本空母戦史』図書出版社刊）。

日本海軍は、十二月十八日、戦艦五隻撃沈、四隻撃破、航空機四百六十四機以上爆撃墜という大戦果とともに、「米太平洋艦隊ならびにハワイ方面航空兵力を全滅せしめたり」と発表している。それが日本海軍のとらわれていた固定観念で、戦艦を喪失した米太平洋艦隊は、まったく無力化したものと断定したわけである。事実は、その〝喪失〟という考え方そのものにさえ、自分本位にしか敵の能力を推定しないという、バカげた主観が介在していた。まったくアメリカの工業力の超絶さには、目をつぶっていたのだ。やがて、アリゾナとオクラホマ以外の戦艦はつぎつぎに戦場へ現われ、日本海軍をあッといわせるのである。

その上、日本軍は攻撃目標を艦船に集中したため、艦艇修理の総本山・海軍工廠はもちろん、ドック一つさえ攻撃しておらず、さらに驚くべきことは、重油タンクを爆撃していないことである。日本が開戦に踏みきったもっとも切実な理由は、石油の貯蔵量の欠乏ではなかったのか。それは近代産業の基礎原料であるばかりでなく、重要な作戦物資なのに。いくらアメリカが産油国とはいえ、ハワイには石油はないのだ。本国から輸送して貯蔵していただけである。それを炎上させておけば、事実上ハワイは一時、海軍根拠地としての機能を停止するのではないか。それを、わが方が〝大艦巨砲主義〟だから、敵も大艦さえ失えば攻撃力はなくなる、と考えたところに、大きな落とし穴があった。

艦艇よりも、燃料とかドックの方が重要な攻撃目標でなければならないのは、日本海軍自身の身になって考えれば、すぐわかることである。ところが、日本海軍の戦術思想そのものが、後方よりも前線、防御よりも攻撃に、頭をつっこんでしまっていた。このため、そういう肝心なところは、思考の底辺に埋没し去ってしまい、戦力、攻撃力、攻撃兵器等々に目を奪われ、補給とか防御については、ほとんど軽視していた。その致命的な欠陥は、これから、あらゆる方面に顕現してくるのだが、まず初動において早くも露呈したわけである。

もう一つ、もっとも重要なものが残っていた。空母である。南雲部隊が威力を発揮した、そもそもの原動力は空母だった。それは、戦艦にはできない偉業を発揮したもので、当然もっとも恐るべき相手なのに、まだそのことに完全には気づいていなかったのだ。このとき、アメリカ太平洋艦隊には、三隻の空母がいた。サラトガは本国太平洋沿岸におり、レキシントンは、ミッドウェー島へ飛行機を輸送中であった。またエンタープライズは、ウェーキ島へ飛行機を輸送し、ハワイへ帰航中であった(ただし日本側では、このほかにヨークタウン、ホーネットの二隻が、太平洋に回航されているものと予想していた)。

南雲長官は〝水雷屋〟だから、主力艦ばかりを重視しており、自分が機動部隊という世界最初の新編成艦隊を率いていながら、まだ近代戦における空母の役割を理解していなかった。そこで源田参謀の主張する第二次攻撃を決行せず、敵空母から急襲されるのを恐れて、いちはやく安全水域へ引き揚げる命令をくだした。このとき淵田中佐は「ハワイ群島を南へ抜けて索敵航行しながら、南方航路をマーシャル群島さして帰航しよう。ハワイの西南水域にあると予想される敵空母群をおびき寄せ、ここで撃滅しておく必要がある」と進言しているという。これを採用していたら、ウェーキ島から帰航中のエンタープライズにも、ミッドウェーに向かっていたレキシントンにも、たぶん遭遇していたかも知れない。

南雲は「もはや補給部隊をその方面へ回航することができない」との理由で、淵田の献策をしりぞけた。これで南雲は二重に、戦果拡大のチャンスを逸したことになる。真珠湾奇襲部隊は、十二月九日夜九時ごろ補給部隊と合し、往路よりはやや南寄りのコースを一路内地に向かって急いだ。

十二月十日、マレー沖海戦の勝報が届いた。これも飛行機だけによる敵艦隊攻撃の戦果で、第二十二航空戦隊(司令官・松永貞市少将)が中核となり、仏印基地の九六式陸攻と一式陸攻が全力をあげ、九十四機で猛攻二時間四十分の末、ついにイギリス軍の不沈戦艦プリンス

・オブ・ウェールズ及びレパルスを撃沈したのであった。このニュースで、源田や淵田は、いよいよ航空作戦の重要性を自覚し、また自信を深めたといわれている。

十四日になって、ウェーキ島攻略中の第四艦隊が苦戦中だから、これに協力せよとの無電がはいった。このとき東京から千五百カイリの距離にいたが、いちおうトラック島へ入港しようとしている。これは中央の意向が、ウェーキ島攻略に引きつづいて、ビスマルク諸島方面の攻略にかかるというので、その遠大な作戦の全貌を確認し、第四艦隊との協定を充分にしておこうと考えたためである。

それでは、現在苦戦中の第四艦隊の急場に役立たないのに、いったい艦隊首脳部は何を考えていたのか。たぶん、せっかく大戦果をおさめたのだから、なるべく現状のままで、いったん基地へ帰着したかったのだろう。中央では急にビスマルク諸島方面の攻略は延期すと、電報を打ってきた。こうなると、ウェーキ方面へ応援に直航しなければならないわけだ。

ところが、十二月十六日になって、第三戦隊（司令官・三川軍一中将）と第二航空戦隊（山口多聞少将）に、第一水雷戦隊から「谷風」「浦風」の二駆逐艦をさいて付与した一支隊だけを、ウェーキ島攻略部隊の応援に分派し、その他は一路、豊後水道さして帰航するという始末だった。機動部隊はそれまで無線禁止を守っていたが、右のように中央との無電通信を余儀なくされたので、十七日の午後六時、ハワイ攻撃の戦果その他についての詳報を、はじめて発信した。これが十八日の大発表となったわけで、軍艦マーチとともに「米太平洋艦隊全滅」のニュースが、日本国民を狂喜させたのである。

しかし当の機動部隊では、無線使用によって敵に位置を探知されることを恐れ、その午後六時、大変針して、敵の追及をのがれようと懸命だった。決して米太平洋艦隊を〝全滅〟したのではないことを、彼ら自身が一番よく自覚していたのだ。何しろ空母三隻を加えて百二十隻の大艦隊中、わずか十八隻に損害を与えたにすぎないのだから、日本を遠く離れた洋上では、いついかなる襲撃が加えられるか、わかったものではなかった。

はたして翌朝十時ごろ、突如、対潜警戒が出て機動部隊は緊迫した空気につつまれた。南鳥島の北北東六百八十カイリで、「瑞鶴」の艦爆一機が、「赤城」の左舷ななめ前六千メートルに、潜水艦の司令塔を発見したのだ。同機はただちに対潜爆弾を投下、その何発かが司令塔の後方に命中したというが、米海軍の資料にはこの攻撃に相当する記録はない（『日本空母戦史』）。また中央では、空母部隊が帰途米海軍の追撃を受けるのではないかと心配し、小笠原列島付近の対潜警戒に艦艇、飛行機を派遣している。米太平洋艦隊の全滅どころか、内地近海の警戒を厳重にしていたのだが、もちろん国民は何も知らなかった。

十二月二十三日午後一時ごろ、南雲機動部隊主力は、無事、豊後水道入口に帰着。さかんな歓迎を艦船から受けながら、柱島泊地へと急いだ。草鹿少将はわが生涯の最良の日といっている。

その二日前——世界最大の巨艦「大和」が、柱島泊地にはじめて入泊し、七万二千八百トンという巨体を浮かべていた。夜に入って柱島泊地へ進入した「赤城」の艦橋で、南雲長官以下は、はたしてどんな心境で、この巨艦を眺めたか。それこそ、日本海軍がいつまでも固執していた大艦巨砲主義の大時代なシンボルにすぎず、ついに何らなすところなく、昭和二十年四月七日東シナ海で、米軍機に撃沈されてしまう道化役者だったのだが……。

「赤城」が停泊すると、ただちに宇垣連合艦隊参謀長以下の幕僚が乗りつけ、祝辞を述べ、慰労の言葉をかけた。このとき草鹿少将は得々として、宇垣参謀長に対して「現地の状況も知らず、ミッドウェー攻撃命令を出すとは、けしからん！　瀬戸内海に停泊している艦隊に何がわかるのか。机上の空論を弄して実戦の指揮ができるものか」というようなことをしゃべったらしい。

ミッドウェー攻撃命令は、第一機動部隊が帰途についた翌日、内地の連合艦隊司令部から受けたものである。結局、南雲長官はこの命令を握りつぶしたのだが、ミッドウェー島には米海兵隊機や飛行艇の中継基地もあったのだから、このとき、それを敢行してみるべきだった。もちろん成敗は知る由もないが、このときの状況からすれば、のちに惨敗した〝ミッドウェー攻撃〟よりは、少なくも成果があがっていたにちがいない。

南雲機動部隊のハワイ奇襲は、空襲部隊が発艦するまでは、まことに美しい。しかしそれ以後については、いったん偉功を樹立した軍人の多くが、その後の行動では命を惜しみがちだった、あの弊風が、南雲中将以下の心底を吹き抜けていたのではないかと思われる。

時代遅れの戦術思想

機動部隊は豊後水道にかかると、全機を九州の鹿屋《かのや》基地へ飛ばせ、休養と補充をさせていた。と、翌日になって、東京から永野修身軍令部総長が柱島泊地へ来て、急に淵田中佐を呼んだ。これは、山本連合艦隊司令長官の発意だったのか、永野大将の発意だったのか、明らかではない。とにかく淵田には両人で会っている。淵田は前夜飲みすぎて、このとき二日酔いで操縦ができず、第一波の雷撃隊長・村田少佐の操縦で岩国へ急行、そこから内火艇で帰艦している。

右のいきさつから推測して、淵田を呼んだのは、突発的で、たぶん永野がいい出したことらしい。いったい永野はなぜ急に淵田を呼ぶ気になったのか、それも詳しいことは不明である。後日、永野は南雲に対して、ハワイの「一撃退避」について、不満の意を洩らしたというから、それと無縁ではあるまい。

南雲長官の報告に疑念を抱いたものか、もともと航空畑出身でない南雲忠一を、軍令部総長や連合艦隊司令長官が、こと航空作戦に関しては重視していなかったのか、あるいは源田参謀あたりの口ぶりから、淵田を呼んで、第二次攻撃を断行しなかった南雲部隊司令部の、その当時の様子を詳しく聞きたかったのか、それらももちろんいまはわからない。

しかし、特に南雲に不信をいだいていたわけでもなかったらしく、そのまま虎の子の機動部隊の長官にしておいたのは、周知のとおりだ。というのも、永野、山本の両人とも、完全に大艦巨砲主義から脱却していなかったのだから、南雲の戦術的才能に対して、疑問を感じる道理がなかったのである。

南雲以下が帰国したときは、すでに機動部隊の次期用法は決定していた。それは〝南方作戦〟に協力することであった。ここで日本の開戦当初の根本方針を想起してみる必要がある。まず米太平洋艦隊を半身不随にしておいて、それが息を吹き返すまでに約一年かかる、との予想を根拠に、その一年間で、日本は南方資源地帯を確保し、その資源を戦力に直結させ、将来の持久戦態勢を確立しよう、というのだった。そこで、ハワイ奇襲の戦果を、いちおう満足なものと判定した海軍首脳部が、さっそく南方作戦に力点を指向するのは当然のことで、当時着々と計画実施中の諸方面に対する作戦に対して、機動部隊にバック・アップさせようとしたのに、何ら不思議はない。

この柱島泊地へ帰投したとき、淵田中佐らは、時代の流れを的確に把握した、鋭い意見を述べている。柱島泊地にでんと座っている連合艦隊の巨艦群と、機動部隊とを合わせて、強力な機動部隊を数隊新編成し、南方作戦などは二線級の艦隊にまかせておき、いっせいに東方海面に索敵出動して、アメリカ空母群を捕捉殲滅しよう、というのだ。この意見具申は、源田・淵田のコンビが中心となって主張したものだった。

これに対して、南雲がなぜ共鳴してバックアップしなかったのか。〝海鷲育ての親〟とさえいわれる山本五十六が、なぜ注目しなかったのか。

永野軍令部総長がわざわざ淵田を鹿屋基地から呼んだのは、もちろんこの件が背景になっていたものと思われるが、永野もやっぱり固定観念にとらわれていた、一個の凡将だったのかも知れない。

このとき源田・淵田らの一線パイロットの主張を、適正にきき入れる可能性があったのは草鹿少将であったと思われるが、その草鹿がどういう態度をとったのかは明らかでない。せっかく世界に先がけて機動部隊を編成し、その絶大な行動力と破壊力を、身をもって実証しながら、日本海軍はついにこの源田・淵田らの卓見をしりぞけ、新しい戦術思想に転換する絶好のチャンスを失ってしまった。

これをもう少し掘り下げて詮索してみると、ぬきさしならない〝セクト主義〟がうかがえる。つまり〝飛行屋〟の主張することは、飛行機ばかりを花形役者にしたがるという先入観で、その卓見を聴いていたのだ。そういう偏狭な観念の裏には、もちろん〝艦隊の花は戦艦〟で〝海戦の中心は大艦巨砲〟だという旧定式が脈うっていた。さらに一歩を進めると、「それでは飛行屋ばかりがのさばることになる」というような感情が作用していたのではないか。

ともあれ、連合艦隊は南方作戦へ重点を移すことになった。この場合、オーストラリアの北辺が、どうせ米・英・蘭・豪の共同策源地になるのは明白であるから、オーストラリアまで進攻するかいなかは陸軍とも相談を要するので、まずニューブリテン島とニューアイルランド島とを攻略・確保しておくこととした。そのニューブリテン島のラバウル、ニューアイルランド島のカビエン及びニューギニアのラエなどに対して、上陸作戦を計画し、その支援に機動部隊を向けたのである。

昭和十七（一九四二）年一月八、九の両日、機動部隊は大挙して柱島泊地を出動、トラック島に集結して最終的打ち合わせをした後、一月下旬、ラバウル、カビエン、サラモア、それにニューギニアのラエなどサンゴ海北側のソロモン海に臨む各要地に対して、攻撃を加えた。この当時の、この方面の敵ときては、せいぜい貧弱な装備しかもたない警備隊ぐらいなもので、たまに飛行機がいても軍用機といえるシロモノではなかったのだから、あっという間にこの上陸支援作戦は終わった。それで得々と戦果発表をして、国民を有頂天にさせていたのだ。海軍は「言あげせず」常に沈黙の威圧を内外に加えているのが本来の姿だった、などというのは、建て前と本音の差だ。陸軍との対抗意識をかりたてては、都合のよい戦果発表ばかりしていたのではないか。

だいたい、一国の国防を担当する軍部である以上、陸軍と海軍が好ライバルとして、互いに練磨し合うのならともかく、まるで仇敵視し合っていたのだから、とうてい救いがない。予算の取り合い、基地の奪い合いまで演じ、陸軍の危急などは見て見ないふりをしている海軍、一方、陸軍側でも「そら、また海軍が大失敗しやがった」と、手を叩いているのだから話にならない。一億一心などは銃後国民への標語だけで、当の軍部では、極言すれば、利敵行為にうつつをぬかしていたのである。この陸海軍相互の子供じみた縄張り争いについて、元大本営報道部員の平櫛孝陸軍大佐はつぎのようにのべている。

「陸海軍間のツッパリあいは、単に国家予算のぶんどり合戦や戦功争いにかぎらず、海軍が五・一五事件（犬養毅首相暗殺事件）をおこしたのなら、陸軍は二・二六事件（クーデター事件）をおこすというような領域にまでおよんでいた。

国の中に二つの軍があるようなもので、しかもその二つの軍が政府（首相）に直属せず、それぞれが独立して天皇に直属しているという、とても常識では考えられない制度になっていたのである。外敵と闘う前に、陸軍はまず海軍と、海軍はまず陸軍と、闘わなければならなかった。その奇妙な闘いに、お互いが疲れはてていたのである。このような国は世界でもまれであって、だからこそ亡ぼされてしまったということもできる。そこへもってきて、最高責任者の不在という完全無責任体制が、憲法によって保証されていたのだから、いわば日本全体が烏合の衆の大群のようなものであった」

このとき、さきにハワイからの帰途、ウェーキ島へ分遣した第二航空戦隊（蒼龍、飛龍）は、十二月二十九日、瀬戸内海西部に帰投後、オーストラリアの北方にあるアンボン島爆撃のため別行動をとっていた。また、ソロモン海方面への上陸が完了した一月二十五日、南雲機動部隊主力はひとまずトラック島の第四艦隊基地へ引き揚げている。

ところが二月一日、アメリカ機動部隊が、早くもマーシャル群島方面へ襲いかかってきたのである。

第三章　戦線の膨張

タスク・フォース

昭和十七年二月一日——陸軍のマレー作戦は、マレー半島部一千百キロを攻略し終わり、ジョホール・バル周辺で、シンガポール島への強襲上陸作戦を準備中、という段階であった。

これまでに南遣艦隊では二つの海戦を行なっている。一つは昭和十六年十二月十日、開戦二日目の十二月十日午後一時ごろからはじまったマレー沖海戦で、英国東洋艦隊の旗艦プリンス・オブ・ウェールズ（三万五千トン）と、巡洋戦艦レパルス（三万二千トン）を、航空機だけで撃沈した一戦である。この航空戦については、多くの報告もあり、本書のテーマにそれほど必要な戦闘でもないから、詳細は割愛しておく。この偉功を立てたのは、仏印のサイゴン、ツドウム両飛行場を基地としていた第二十二航空戦隊（長・松永貞市少将）の諸隊で、近藤大佐の美幌《みほろ》航空隊、前田中佐の元山《げんざん》航空隊、藤吉大佐の鹿屋《かのや》航空隊中の二攻撃隊、および山田中佐の戦闘機隊が参加した。

プリンス・オブ・ウェールズは当年（一九四一年）四月に竣工したばかりで、対空火砲の装備では当時、世界一といわれており、縦横五列ずつに銃身を並べた二十五連装ともいうべき世界最初の機銃（二十ミリ）座を三基、二十連装を一基、一キロ弾を毎分八百発以上も発射する八連装対空ポンポン砲（四十ミリ）を四基、装備していた。一斉射撃すると毎分八万発以上の弾丸が飛び出すわけで、これはとうてい飛行機の近接できないものとされ、不沈戦艦といわれていた。

これを長距離出撃して攻撃するのだから、容易なものではない。しかも、三十ノットという快速艦だから、仏印近海から南遣艦隊がのこのこ出かけていったのではとうてい捕捉できるものではない。第一、南遣艦隊には、ウェールズにかなう主力艦などいなかった。

攻撃隊は午前七時に基地を飛びたち、午後一時ごろ攻撃を開始したのだから、搭乗員の体力は並み大抵のものでなかったことがわかる。爆撃・雷撃とも一瞬に終わるが、あとはふたたび数時間飛行して、基地へ帰らなければならないのだ。レパルスは午後二時二十分、ウェールズは同二時四十分ごろ沈んだ。かくて英極東艦隊は主力を失い、英国東洋艦隊司令長官トーマス・フィリップス提督以下の全幕僚も、ウェールズと運命をともにした。

もう一つは航空戦ではなく、本来の海戦であった。昭和十七年一月二十七日、マレー東岸エンドウ沖で戦われた一戦である。これは、コタバル付近へ上陸しようとする日本陸軍部隊に対して、シンガポールから出撃してきた英駆逐艦ホネット、バンパイヤの二隻をむかえて、「綾波」「磯波」の二隻が、輸送船団の位置まで敵艦を北上させるものかと、必死攻撃を加えた一戦であった。

これは小規模ながら、開戦以来はじめての艦艇同士の海戦で、しかも彼我伯仲の戦力下における砲撃戦であった。英海軍は永い伝統を誇る精鋭で、決して、戦時中の日本国内ニュースが伝えていたような懦弱《だじゃく》なものではない。このときの砲撃戦も五分五分で、何ら決定的な損害は与え得なかったのである。それが、海軍流の表現になると「わが方の攻撃により敵は遁走した」となる。海戦中は双方接近して撃ち合い、離れて並行に走ってみたり、すれ違ってからふたたびUターンして戦うこともあり、気象、時間その他の条件で、いっとはなく双方離脱することもあるのである。このときは双方離脱したままのことで、英艦はシンガポールへ引き揚げ、日本艦は船団位置さして北上した。

その発表技術はともかくとして、問題は、日本海軍の根本的戦術思想である。彼らは、究極的に砲撃戦を決戦だと信じていた。その砲雷撃戦では、そうそう敵艦隊に対して決定的打撃を与え得ないということが、このときハッキリ証明されたわけである。いつまでも三十数年前の日本海海戦式にはいかないということを、少なくもこの一月二十七日のエンドウ沖砲撃戦で、知るべきだったのだ。一方、ハワイ攻撃といい、マレー沖海戦といい、飛行機による敵艦攻撃では、着々と戦果を上げているのだから、ここで、淵田・源田らの主張する空母中心の新艦隊に切り替え、ほとんど無用の長物として瀬戸内海から一歩も出ない連合艦隊を、もう少しフルに使用することを考えるべきであった。

山本大将はアメリカを知っていたというが、アメリカを知っているのなら、やがては続々と、何らかの形で戦力が押し出されてくるのはわかりきっていた。海戦一般の戦術思想からしても、なるべく一点に多くの戦力を集中して先制攻撃を敢行するのが上策なのに、アメリカが息をふき返して戦力を結集し、西太平洋まで出て来るのを待っていたという、その心中が理解できない。

「敵の整わざるを討つ」というのは、大昔から使い古された文句で、今でも通用する名言である。なぜ淵田や源田の言うように、こちらが優勢を保持しているうちに、徹底的に東太平洋を索敵航行して、敵が太ろうとするところをつぎつぎに叩きつぶす作戦をとらなかったのか。海軍首脳部の頭の中には、万一、一隻でも戦艦を失っては「陛下に申しわけない」というような、本末転倒した思念が潜在していたように思われてならない。

もう一つ考えられることは、「なるべく危険な戦場へ出ずに、指揮下部隊の奮闘によって勝利をおさめ、栄誉だけは最大のものを得よう」という老獪な考え方だ。これはもちろん、当人以外にはわかるものではない。とにかく連合艦隊は、この開戦初期の、日本が勝勢をより拡大し得る好機を、瀬戸内海で、まるきり遊んでいたのは事実である。世間では山本五十六長官をまるで神様のようにあがめたてる人がいるが、筆者は「はたして本当に偉大であったのだろうか」という疑念を今でも捨てされないでいる。もちろんハワイ攻撃を捻出したあたりはそれなりに評価するのだが。

南雲艦隊主力はトラック島泊地に集結していた。その麾下の山口部隊（第二航戦）は、アンボン島爆撃を終え、一月二十八日西カロリン群島のパラオ島に帰ったばかりであった。そんな中で二月一日、突如としてマーシャル群島の最尖端部、ウォッジュ、マロエラップ、クエゼリン、ヤルートの各諸島へ、アメリカ空軍が襲いかかり日本軍の地上施設に対して甚大な被害を与えた。

「マーシャル群島に敵艦載機群、来襲！」この飛報は日本を非常に驚かせた。もっとも、ほとんどの人が開戦以来の相つぐ勝利に酔っていたから、これを真剣にうけとめた人がどれだけいたかは疑問だが、少なくも日本海軍首脳部では、信じがたいショックを受けた。米太平洋艦隊は〝全滅〟したはずなのに、わずか二ヵ月たらずでマーシャル群島まで襲撃してこようとは、誰一人考えてもいなかったのである。

いや、淵田・源田グループは、早くからこのことをある程度予想していた。空母が健在で、しかも高速重巡十一隻が無傷なのだから、当然、アメリカ側は機動部隊を編成して動き出すのはわかりきっていたのだ……。

日本海軍の予想した〝輪型陣による渡洋作戦〟などが、はたして当時の米海軍の基本戦略だったのかどうかは不明だが、その中心戦力たる主力艦を失っては、米海軍としては奇襲戦法をとるよりほかにはない。しかも、その奇襲戦法の基本となる艦隊編成については、ちゃんと日本が手本を示してくれていた。真珠湾奇襲の一挙は、日本海軍としては大成功だったが、ある面では日米戦争の方向を一変させたもので、このために日本海軍はジリ貧になり、ついに敗戦にいたったといえるのかも知れない。戦艦をほとんど失ったアメリカは、とにかく当面は残っている艦艇を組み合わせて、日本海軍に対抗する以外にはなかった。このとき空母が一隻も損傷しなかったのは、不幸中の幸いだった。

アメリカが日本外務省の暗号を盗んでいたことは前に述べたが、日本海軍の虎の子暗号機械「九六式印字機」は早くから模造されていたし、肝心の暗号台帳まで盗まれていたのだから、日本の機動部隊編成についても、とうの昔に知っていたと思う方が、真相に近いのではなかろうか。が、開戦前の時点では、その機動部隊の破壊力については未知数だった。いや、多分に疑問があった。航空機だけで戦艦を撃沈できるものとは、当時はまだ考えられていなかったのである。その実力を証明したのが南雲艦隊であった。しかし、ハワイの場合は、艦は停泊していたし、まったくの不意討ちで、一方的攻撃に終始したのだから、洋上で主力艦隊を攻撃しても、戦果が上がるものかどうかはまだ疑問があった。しかしそのとき世界を驚愕させたのがマレー沖海戦で、これですべては解決したわけである。

アメリカはただちに機動部隊（タスク・フォース）の編成に着手した。そうする以外に手がなかったせいでもあろうが、アメリカ人の頭の柔軟さの証明でもある。もう少しつっこんで詮索すれば、ほとんど開戦と同時に学生を航空隊へ徴募し、早くも搭乗員の養成に乗り出しているのだ。そして、アメリカが強力な機動部隊を作り出しては、つぎつぎに西太平洋へ送りこんできたのについては、四百五十万バレルもの備蓄量があると推定されていたハワイの石油が、大きくモノをいったのはいうまでもない。

ハワイで損傷した戦艦のうち、アリゾナとオクラホマの二艦だけは放棄され、旧戦艦で標的艦のユタも喪失しているが、他は全部引き揚げ、つぎつぎに修理補強して戦場へ送り出している。昭和十八年後期の大反攻期には、これらの全艦が西太平洋で活躍していたが、ついに日本海軍の熱望した〝艦隊決戦〟などは起こり得なかった。彼らは完全に制空権を獲得しては、空からの大量攻撃で日本軍をほとんど叩きのめし、その後へゆうゆうと巨艦たちが姿を現わしては、艦砲射撃を注ぎこむ、という戦法をとったのである。大艦巨砲は、動く要塞として、対地攻撃に専用させたのだ。その威力の前に、幾多の日本軍地上部隊が覆滅されたことか。こういう〝勝つため〟には持てるかぎりの戦力をフルに、もっとも効果的に使用するという基本姿勢が、アメリカにはあった。

こうしてアメリカは世界のトップをきって「海戦はすべてタスク・フォースで」という新体制に切り替えたが、日本海軍は断末魔の一瞬まで〝連合艦隊の栄光〟という夢から覚めきれず、ついに日本の無条件降伏を招いたのである。

山本長官は、よほど戦艦「大和」が気に入ったらしく、淵田らが機動部隊編成にして前線へ引き出そうとしたのをしりぞけ、でんと瀬戸内海にいすわったまま、動こうともしなかったが、当時、アメリカでは遊んでいた艦艇などは一隻もいなかった。「百年兵を養うは、一日の用にあてるためだ」などといって、南雲を激励した山本は、本気でそう考えていたわけではなかったことになる。

アメリカでは、まだまだ日本海軍と正面衝突してはとうていかなわないと考え、暗号および諜報行為で、あらかじめ日本海軍の動きをキャッチしてから出動してきたのだから、日本海軍では敵機動部隊を追跡することもできなかった。空襲されてはじめてあわてるようでは、どうしようもない。しかし南雲機動部隊は一応トラック島を出ている。何のために出たのかは、南雲ら数人にしかわからない。

このときの米タスク・フォースは、空母一、巡洋艦三、駆逐艦数隻という編成で、わが第一、第二その他の航空戦隊より、空母数は一隻少なかった。これが淵田や源田の提案した、機動部隊と主力艦隊とを合して、新しく編成しようとすすめた編成法である。空母一隻につき、戦艦または巡洋艦を三、四隻つけようと彼らは提案しつづけていたのだ。

ここまで来れば、日本の連合艦隊でもそろそろ頭を切り換えるのかと思うと、そうではなかった。二月八日、南雲艦隊がむなしくパラオ島まで引き返し、今度は第五航戦（「瑞鶴」「翔鶴」は修理のため先に帰国）を抜いて本土東方の哨戒にあて、機動部隊は引きつづき〝南方作戦〟に使用されたのである。こうしてわが機動部隊主力は、それほど必要でもない作戦に小出し使用され、アメリカ海軍に立ち直る時間をたっぷり与えてしまうことになった。その間、もちろん「大和」以下は内地で遊んでいたのである。

二月十五日午後二時、パラオ島出発。総艦艇数十四隻の第一機動部隊（赤城、加賀、飛龍、蒼龍）は、十九日、ポートダーウィン北北西約二百二十カイリの地点から百八十八機の大編隊を発進させて、ポートダーウィンの港湾、飛行場その他在泊船舶十一隻（米駆逐艦ピアリーを含む）などを覆滅し、事実上ポートダーウィンを基地として無価値なものにしてしまった。日本の機動部隊の恐るべき破壊力については、ニミッツ提督も全面的に認めており、当時、世界一の大機動部隊といっても過言ではなかった。

ジャワ島の攻防

昭和十七（一九四二）年二月十八日の未明、仏印カムラン湾から数十隻の大船団が船出した。この日本陸軍最初の膨大な船団に乗り組んでいたのは、第十六軍の将兵であった。軍司令官は今村均中将で、第二師団（長・丸山政男中将）、第四十八師団（長・土橋勇逸中将）を基幹とし、那須兵団、坂口兵団、東海林支隊などが属した。この船団は、一月下旬からカムラン湾で待機していたため、将兵はややだれ気味であった。行く先は、オランダの南洋支配の牙城ジャワ本島で、四地点からいっせいに上陸し、短期間にジャワ島を攻略しようというのだ。

日本は、アメリカの本格的反攻がはじまるのは、だいたい昭和十八年初頭以後と判断していた。それまでの一年あまりの期間に、南方各地を完全に支配して、その戦略物資を戦力化しなければならなかった。

ただ占領しただけでは何の役にもたたない。戦力化というのは、資源採取から運搬、再製などを経て、それらを経済活動のコンベアに乗せた上、少なくとも軍需物資については、前線各隊まで行き渡る段階をいうのである。それには相当の期間が必要だった。さあ占領したから、ゴムを満州へまわせ、鉄は工廠へ入れろ、綿は内地だ、などという調子にはいかない。

そこで、なるべく早く南方各地を占領しなければならなかったわけで、チャーチルのいう

「激烈な日本の侵攻作戦」は、何も彼のいうように軍国主義国家が長い間、考えていた作戦計画などではなく、生存の必要のため、応急処置として早急に実施しなければならなかったのである。

　チャーチルの回顧録によると「われわれの情報によると、今や日本軍のジャワ島侵入予定日は二月二十八日だった。十八日には、五十六隻の輸送船による西部攻撃集団が、強力な護衛に守られて仏領インドシナのカムラン湾を出発した。また十九日には、四十一隻の輸送船から成る東部攻撃集団が、スル海のホロを後にして、バリクパパンに向かい、二十三日、同地に到着した」とある。驚くべきことに、彼は実に正確な情報を入手している。違うのは「侵入予定日は二月二十八日」という部分で、これは結果から見た日付である。最初のジャワ島上陸予定は〝二月二十六日の夜半〟だったのである。

　もう一つ、ほんの少し違っているのは「西部攻撃集団」の輸送船を五十六隻としている点で、これは実数よりやや少ない。実際には六十一隻の船団だった。西部攻撃集団というのは、西部ジャワのスンダ海峡に面するバンタム湾へ軍司令部と一部兵力、すぐ近くのメラク海岸へ第二師団と那須兵団、またバタビアの東部、チレボン州のエレタン海岸へ東海林支隊が、それぞれ同時に上陸する計画であった。この西部攻略部隊（すなわち第十六軍主力方面）の護衛にあたったのは、第七戦隊司令官・栗田健男少将の指揮する重巡二、軽巡二、空母「龍驤」を含む強力部隊であったが、この方面のことは次章にまわして、本章では、東部攻略部隊方面の動きだけについて書く。

東部攻略部隊の四十一隻の船団には、第四十八師団と坂口兵団が乗船しており、東部ジャワのレンバン州、クラガン海岸へ、主力方面と同時上陸する予定であった。二月二十三日、バリクパパン（ボルネオ東岸）を出航、マカッサル海を南下した。

この船団の直接護衛にあたっていたのは、西村祥治少将の指揮する第四水雷戦隊で、旗艦は軽巡「那珂《なか》」。第二駆逐隊（駆逐艦「村雨」「五月雨」「春雨」「夕立」の四隻）と、第九駆逐隊（駆逐艦「朝雲」「峯雲」の二隻）が属していた。このときジャワ島には米・英・蘭・豪の連合艦隊がおり、ジャワ海の航行は、日本軍にも連合軍にも、ともに危険な状態であった。こういう海域へ、東西あわせて百隻以上の輸送船団を繰り出すのだから、日本がいかに無理押ししていたかがわかる。しかし大本営の決策したことであるから、海軍としては力をつくして、この陸軍部隊を、ぜひともジャワ島へ上陸させなければならなかった。

連合国艦隊の動きは、部分的に接触があり、大体のところはキャッチされていた。いよいよ二十六日、ボルネオ島東方を抜けて、ジャワ海へ進出するころから、敵艦隊の大挙出撃が感知されたので、船団をいったん百八十度転針させ、艦隊は索敵行動をおこした。このとき、ボルネオ西岸を南下してきた第十五軍主力の大船団も、一時北方へ回避している。

二十七日朝、高木武雄少将の指揮する第五戦隊が、重巡「那智」（旗艦）と「羽黒」を中心に、軽巡「神通」を旗艦とする第二水雷戦隊（田中頼三少将）を率いて進出。西村少将の第四水戦をもあわせ指揮し、東部攻略船団の護衛にあたることとなった。第二水戦には、第七駆逐隊（潮、漣）、第二十四駆逐隊（山風、江風）、第十六駆逐隊（雪風、時津風、初風）

の三隊が属していた。

同日午後四時十一分。十数日以前から互いにもとめ合っていた敵味方の艦隊は、ついに遭遇した。この敵艦隊は、二十六日午後六時三十分、スラバヤを出港して索敵航行し、二十七日朝、いったん帰港した。指揮官はオランダ海軍少将ドールマンで、勇敢、沈着な一流の提督であった。ジャワ方面の連合国海軍総指揮官は、オランダのヘルフリック提督であった。日本軍の大船団が東西に分かれて南下しはじめたので、指揮下の艦艇を二分した。東方艦隊はスラバヤを基地とし、ドールマン少将に指揮を命じ、自身は、イギリス艦隊を主力とする西方艦隊を率い、バタビア港のタンジョン・プリオクを基地としていた。

ヘルフリック提督がドールマン少将に与えた指令は「貴官は、敵を撃滅するまで攻撃を続けるべし」という強烈なものであった。

当時は日本海軍の航空部隊が最盛期で、南雲機動部隊は一週間ほど前の二月十九日、チモール海からポートダーウィンを大襲撃しており、この世界一を誇る大機動部隊が、セレベス島を足場に、付近を遊弋《ゆうよく》していたし、塚原中将指揮の海軍基地航空隊が、主としてジャワ海方面の制空行動にあたっていたので、ドールマン提督の苦心はひとかたではなかった。

スラバヤには少数の戦闘機隊が残っていたが、空からの支援を求めたドールマン提督の申し入れに対しては、何の返答もなかった。とかく敗戦ムードになると、こういうことになりがちで、決してスラバヤ空軍だけのことではない。これはイギリス空軍であったと思われるが、全戦局が暴風状態にあったなかで、イギリスはあらゆる努力を諸方面につくしており、敬服のほかはない。この一月下旬、インド洋上で空母インドミタブルを飛びたったハリケーン四十八機と、エジプトからインド経由で飛んだ爆撃機二個中隊のうち、わずか八機しかジャワ島へ到着しなかった。こういう状態下では、スラバヤに戦闘機が何機残っていたか知らないが、容易に他部隊の作戦などに〝協力〟できるものではない。のちに（昭和十九年五月二十七日）コヒマの烈兵団長・佐藤幸徳中将が、飛行第五師団長宛てに打った有名な電報「チンドウィン渡河以来、一発の弾丸、一粒の米も、貴軍より受けず。われらはいま敵襲を受けつつあり。糧食を空輸されたし。敵は平常通りの糧食を受けつつあるのみか、兵員さえ輸送しつつあり」という悲壮な情況でも、第五飛行師団長・田添登中将からは、何の返信もなかった……佐藤中将が無線機を封鎖して〝抗命退却〟を断行した（拙著『ビルマ決戦記』参照）のと同じような状況である。

二十七日朝、駆逐艦に給油するため、スラバヤへ帰港、まさに停泊しつつあったドールマン艦隊に、「バウィーン西方に敵の船団発見す。攻撃せよ」との命令が、ヘルフリック提督から届いた。ドールマンは疲兵を励まし、ふたたびスラバヤ港を出動した。このときのドールマン少将以下の胸中は、どれほど悲愴だったことだろうか。

連合国軍の南方地域総指揮官ウェーベル将軍（英）は、一月十日バタビアに到着し、チャーチル流に表現すれば〝襲い来る嵐を前にして大活躍した〟が、二月二十一日、英本国宛てにつぎの電報を打っている。

「ジャワはもう長く続かないと思います。すべては、空中戦によって決まるものだったのです。いま、ジャワにはどんなこともムダです。問題はただ何を救わんかということです。この司令部は、これ以上役に立ちません」

かくて四日後の二月二十五日には「今夜、コロンボに向かう」との打電となり、ウェーベルはインド方面の指揮官（インド総督）として、ジャワ島を去ったのである。イギリス艦隊の大部分が、日本海軍との決戦を避けて、数日後〝無事に〟コロンボに入港するのは、このときすでに決定していたのだ。イギリスにとっては「何を救うか」が問題だった。しかしオランダにとっては、そうはいかない。ジャワはオランダ教百年来の宝庫で、今ここを失うことは、オランダの凋落の歴史的大転機を意味していた。ヘルフリック提督が〝攻撃〟を命令する心も、それを受けるドールマンの心中も、尋常のものではなかったろう。頼みの同盟国から〝捨てられた〟ジャワ島を、なおも死守しようという、その心事……。

バタビア港のタンジョン・プリオクを根拠地とする西方艦隊には、巡洋艦ホバート、ダナエ、ドラゴンの三隻。スカウト、テナドらの駆逐艦がいたが、この五艦は巧みにスンダ海峡を抜けて、コロンボへ逃走した。ドールマン提督の指揮する東方艦隊は、オランダ巡洋艦デ・ロイテルを旗艦として、英重巡エクゼター、米重巡ヒューストン（後部砲塔は使用不能）、蘭軽巡ジャバ、豪軽巡パースの五艦が主力で、それに駆逐艦九隻（英三、米四、蘭二）がしたがっていた。

こうして、二月二十七日の午後四時十一分、当時の戦況からすれば、双方とも予約されていた、いわば〝宿命の対決〟を戦うため、はじめて両艦隊はあいまみえたのである。この海

戦は、日本海軍にとっては、大いに頂門の一針とされるべき様相を呈した一戦であった。いま双方の戦力を対比して見ると、

日本艦隊＝重巡二、軽巡二、駆逐艦十四。

連合国艦隊＝重巡二、軽巡三、駆逐艦十。

日本側には駆逐艦が四隻多く、軽巡では連合国側が一隻多い。だいたい五分五分の戦力だ。こういう艦隊同士の決戦こそ、日本海軍がもっとも重点を置いていた戦闘様式で、敵艦隊にとどめをさす手段はこの一手しかない、と信じこんでいたものである。さいわい双方とも空軍の邪魔はない。今こそ、存分に日本海軍の底力を発揮する、絶好の舞台が与えられたのだった。

スラバヤ沖海戦

「敵艦見ゆ」の飛電とともに、わが艦隊は突進を起こし――などという記録もあるが、たった五分後には、早くも重巡「那智」と「羽黒」が、エクゼター及びヒューストンの敵二重巡に向かって〝先制攻撃〟と称して砲撃を開始した。飛電も何もあったものではない。

こうして二月二十七日午後四時十六分、スラバヤ沖海戦の幕は切っておとされた。このときの距離は約二十五キロ。命中弾はないまま、双方次第に接近する。第二水雷戦隊は一列になって全速突進し、約十六キロから、敵駆逐艦群に向かって砲撃を開始したが、命中弾はなかった。

午後四時二十一分、ドールマン部隊はやや左方に転針して迫った。堂々たる応戦態度だ。しかもなお一発も撃ってこない。このあたり、日本海軍の口癖であった〝一発必中〟は、どこへ飛んでいたのか、最初から乱射乱撃だった。敵は冷静に動いており、応戦態勢をととのえたのち、まず英巡エクゼターが発射。約一分後、米巡ヒューストンが砲門を開いた。ヒューストンの射撃は、はじめから正確で、「那智」（第五戦隊旗艦）に集中しており、異様に赤い水柱を噴き上げた。これは特殊顔料を使用した砲弾で、他国艦との区別を示す用意であった。その一事からも、ヒューストンの乗組員たちが、いかに自信をもって戦場へ出てきたかがわかる。

やがて――艦隊の各艦はたがいに、水しぶきと炸裂光、黒煙、発射閃光などで、僚艦の姿さえ充分見えなくなってきた。双方、全力斉射しており、艦影は火だるまのよう。敵の弾着は、三、四百メートルから、近いのは百メートルぐらいまで接近し、空中高く噴き上げた水柱が、砲手たちの頭上へ降りそそぎ、破片が飛来して負傷する兵さえ出はじめた。しかしもちろん、そういう状態は敵もまったく同じなのだ。みな血走った目で各員の任務についている。

午後四時三十二分。まずドールマン部隊の旗艦デ・ロイテルに一発命中した。激闘十数分にして、ようやく命中弾が一つあったのだ。デ・ロイテルの被弾で、連合軍側の射撃は一時乱れたが、決戦を求めてぐんぐん接近してきた。戦意はなはだ旺盛である。

これに対して第四水雷戦隊の旗艦（軽巡）「那珂」が、六隻の部下駆逐艦を率い、三十五ノットというスピードで猛突進を起こした。この戦隊は、一斉射撃中のわが艦列の前方をななめに横ぎり、敵艦の側方めがけてつっこんでいった。これが日本海軍の得意とする水雷戦法で、彼我砲弾の交錯をものともせず、真一文字に敵艦の胴腹めがけて突進し、至近距離から雷撃、一瞬、舷側も折れるばかりに方向転換し、快速にものをいわせて敵から離脱するのである。一艦、一艦、猛ターンしては艦列の前方をよぎり去った。しかし、魚雷は一発も命中しなかった。

「神通」も第二水雷戦隊を率いて魚雷攻撃を敢行したが、これも一発も命中しない。数十本の魚雷はむなしく波間に消え去った。水雷攻撃は、雷撃を終えると同時に煙幕を張って、敵の集中射撃からのがれるのが定法だから、あたりには見る見る煙幕がひろがりはじめた。この煙幕がなければ、この砲撃戦には日本軍が敗れたかもしれなかった。というのは、日本軍には艦載機が三機もあり、それが上空から弾着観測をしてくれたからである。ドールマン部隊には一機もなく、煙幕はそのまま、相手側だけを半盲状態においれたのである。

しかし、約一時間も続行した砲雷撃の結果は、前述の命中弾一発きりで、これが日本海軍の誇る決戦様式だとすると、心細いかぎりだった。将兵は次第にあせり、砲術長は砲手たちを怒号し、その砲術長を艦長がどなりつけている。機関員たちの間には、刻々と不安が高まってきた。

午後五時、第二水雷戦隊の田中司令官は近接戦を決意し、部下各艦を率いて猛然と突出した。しかし、これも成果をあげることはできなかった。ところが、第二水戦がこの雷撃を終わってしばらくすると、突然、英重巡エクゼターが大爆発を起こし、急に速力が落ちてきた。艦隊行動中に一艦が狂うと、全体の動きはとかく乱れがちになる。特に速力が落ちることは、その艦の撃沈に直結する場合が多いので、他艦は非常に動きにくくなってくる。

はたして——まずヒューストンが左に艦首をまわした。これが合図かのように、続航していた豪巡パース、蘭巡ジャバも回転しはじめた。これは〝敵前回頭〟といって、海戦ではタブー扱いされていることだ。この一瞬を見のがすような水雷戦隊ではない。ただちに肉迫雷撃に移った。この雷撃で、オランダの駆逐艦コルテノールが轟沈された。「神通」の発射魚雷とされている。

なお、さきにエクゼターに爆発が起こったのも、第二水戦の魚雷によるものと推定されていたが、のちに連合軍側の発表したところでは、重巡「羽黒」の徹甲弾が、高射砲塔を貫通して、火薬庫内で爆発したということであった。

つづいて第四水雷戦隊が、「那珂」を先頭に肉迫攻撃する。前回の雷撃で失敗したので、西村少将の意気は凄まじく、五千メートル以内に迫っての雷撃を強行した、この七艦から発射された魚雷の雷跡に、ドールマン部隊は一瞬、大混乱におちいった。あたりはもうもうたる煙幕で、たがいに敵の姿をとらえることができない。第四水戦の肉迫雷撃にしても、煙幕中で強行したのが、やや正確に進んでいただけである。しかし、突如として、正確に進んでくる雷跡群を発見した敵の各艦が、思い思いに回避運動をはじめたため、艦列が混乱してきた。この間にも、敵の砲撃は一秒の休みもなくつづけられており、盲撃とはいえ、わが方の危険度も高かった。

「神通」は突進しすぎて至近距離から狙われ、艦尾に一発被弾、戦死一人、負傷四人を出した。これが最初の犠牲者である。一発くらった「神通」はたちまち向きをかえ、その相手の英駆逐艦エレクトラに対し、砲弾を撃ちかけた。これが命中して、エレクトラは大爆発しはじめ、まったく停止してしまった。

旗艦「神通」の危機と見て、猛然とエレクトラに向かって突進していた一駆逐艦は、眼前で敵が停止したので、存分に肉迫し、零距離射撃を浴びせかけた。みるみる砲塔は吹き飛び、艦橋は崩れ落ち、ついに猛然たる一大爆発とともに、ほとんど垂直に艦首を空中に持ち上げたかと思うと、一瞬にして沈没し去った。これが午後六時であった。

旗艦乱射乱撃しつつも、ドールマン部隊は次第に艦列をたて直し、午後六時半ごろには、旗艦デ・ロイテル、豪巡パース、米重巡ヒューストン、蘭巡ジャバの順序で、南東よりに突っ走っていた。このとき、さきに大破した英重巡エクゼターは、煙幕をたくみに利用して逃走しており、あたりには姿が見えなかった。

わが艦列も並行して突っ走っており、ときどき煙幕の切れ間に相手が見えると、互いに猛砲撃を応酬しながら、どこまでもはなれない。重巡「那智」と「羽黒」の砲弾は、米重巡ヒューストンに集中されていたが、その一発がついに命中。また一発、命中した。海軍ではこういう場合、「われ砲撃命中！」と、伝声管で各部署に知らせる。これは、密閉した室内で、それぞれの任務についている将兵（ことに機関部員）に戦果を知らせ、志気を高めるためである。いつまでも命中弾がないと、むし暑い密室内で作業している将兵は、次第に不安になってくるのだ。そのため、自艦の発射弾かどうかは問題ではなく、とにかく敵艦に命中しさえすれば、目撃した見張員はすぐ報告するのである。

ヒューストンの艦首が下がった。同時に、砲撃もやや衰えた。このころになると、黒煙を噴いている敵艦も見えはじめ、砲撃は乱れがちとなり、ようやく戦勢は日本軍の優勢が確定してきた。こうなると押せ押せムードで、水雷戦隊の攻撃はますます果敢となり、四千メートルまで肉迫して雷撃しはじめた。

戦勢ようやく決したと見た高木第五戦隊司令官は、北方遠く待避させていた、陸軍の輸送船団を迎えに北上した。このまま目的地へ船団を誘導しようというのだから、相当の自信である。第五戦隊は船団につきそい、一路ジャワ島に向かって接近する。

「那珂」を先頭とする第四水戦の六艦は、折りからたそがれそめる海上を矢のようにつっきっては、四連装の発射管でつぎつぎに雷撃を加え、敵艦隊を輸送船団へ近づけまいと必死だった。日没直後、敵は大規模に、洋上一帯に煙幕を展開しはじめた。反撃か、逃走か……。

第五戦隊はいよいよ南下し、スラバヤの灯台を見るほどの位置に進んだ。これに対して米第五十八駆逐隊の駆逐艦四隻が、はじめて魚雷攻撃を敢行した。しかし重巡二隻に対して不用意に近接すれば自滅するので、九千メートルという遠距離からの雷撃で、何ら被害はなかった。

第四水戦は猛攻中であったが、その一艦「朝雲」が、この米駆逐隊に集中砲撃され、一発被弾、機関部を破壊されて停止した。しかし救助などできる段階ではない。そのまま「朝雲」を残し、戦隊は夜戦へと突入していく。第五水戦の諸艦も同じで、これから得意の夜戦によって敵全艦をしとめようと、一同、乾パンをかじっている。

ドールマン部隊は大煙幕を張ったが、逃走するためではなかった。あくまでも決戦をいどみ、午後七時半、ふたたび両艦隊は向かい合った。このとき日本軍は、重巡二隻、軽巡二隻、駆逐艦十二隻。昼間の三時間を越える砲雷撃戦では、敵の駆逐艦は艦列に近く米四隻、やや離れて英三隻。連合軍は、重巡一隻、軽巡三隻、駆逐艦二隻を沈め、重巡一隻を大破遁走させただけである。わが方も駆逐艦一隻が戦列を脱落しており、戦果も大差ないし、いま対峙している戦力も、だいたい五分と五分だ。これが、日本海軍の自負していた〝艦隊決戦〟の姿だった。わが方に飛行機三機がなかったら、昼間の砲撃戦の結果はどうなっていたかわからなかっただろう。

初発必中もカラ念仏だったし、一発必中も現実のものとはならなかった。攻撃精神では世界無比――などといっても、これでは眼前の外国兵と大差は認められない。しかも、この相手は、四ヵ国の混成艦隊にすぎないのだ。統制のとれた一ヵ国の艦隊であったら、もっとてごわかったにちがいない。高木司令官以下も、この延々三時間以上の砲雷撃戦が、完全に失敗であったことを、今さらのように悟ったものと思われる。

このときドールマン部隊の二巡洋艦が砲撃を開始したが、突如、東方に変針した。距離は約一万二千メートルであった。わが方は追跡する。敵は午後八時ごろ南方に変針し、ジャワ島の海岸さして走り出した。あくまでも逃走が日的ではなく、近接しようとする日本の船団を、どこかで捕捉撃滅しようと企図しているらしい。わが方の水上機は、ドールマン部隊の進路をおさえては吊光弾を落とし、絶対に逃がさず、どこまでも追尾する。

午後九時二十五分ごろ、海岸沿いに走っていた敵の一艦が突然、大爆発して沈没した（これは英駆逐艦ジュピターであった）。彼らは一時、北方へも転針したが、とにかく吊光弾から逃がれることはできなかった。午後十一時近くなって、またもや砲戦となった。敵も味方も、くたくたになっていたが、戦闘となれば、やるよりほかはない。

このとき蘭巡デ・ロイテルが大火災を起こした。砲戦中であるから、わが方の各艦はわれがちに「われ砲撃命中。敵巡洋艦炎上中！」と、伝声管に向かって叫ぶ。さらに殿艦《しんがり》ジャバも炎上しはじめた。わが方の砲弾はここぞと集中し、ついにデ・ロイテルは完全に停止した。それに砲撃が集中し、一大爆発とともに、ついにドールマン部隊の旗艦デ・ロイテルは没し去った。勇戦したオランダ海軍少将ドールマンの戦死で、連合国艦隊の内情は、一変した。おまけにジャバも爆発、沈没し去ったので、オランダの巡洋艦二隻、駆逐艦二隻とも全部消えたわけだ。これは、オランダ艦がもっとも積極的に戦った証拠で、ドールマン提督の志は、よく一兵にまで浸透していたというべきだろう。

とにかくオランダ軍が消え去っては、米英豪ともジャワ島を死守するつもりはなく、何を救わんかの方が重要であるから、ここで米重巡ヒューストン、豪巡パース以下の残艦は、いっせいに逃走し去った。延々七時間あまりの砲雷撃戦であった。これがスラバヤ沖海戦の実情で「散米英蘭連合艦隊に属する巡洋艦三隻、駆逐艦六隻を撃沈、巡洋艦四隻を大破せり。わが方の損害は駆逐艦一隻小破せるも戦闘航海に差支へなし」という〝決算報告書〟（昭和十七年三月一日大本営発表）からだけでは、こうした事実はまったく伝わってこない。

バタビア沖海戦

こうして日本陸軍のジャワ上陸作戦は、予定を二日延ばし昭和十七年二月二十八日の夜半、それぞれ予定の泊地四ヵ所へ進入した。

西部攻略部隊の船団を護衛していたのは、栗田艦隊で、陸軍第十六軍主力の進入泊地バンタム湾の北方約二十カイリ付近を遊弋していた。船団の泊地進入は予定よりやや早く、二十八日午後十一時四十分であった。

この夜、東部ジャワではこうこうたる名月に照らされ、泊地の輸送船上から、ジャワのヤシ林がはっきり見え、その葉の数さえ、数えられそうだったが、上陸用舟艇が船団を発進するとき、にわかに雲がはりだし、スコールが沛然と降りはじめていた。

一方、西部ジャワではおぼろ月夜で、ジャワの山々が静かに眠っているのが、遠く墨絵のように望まれた。このときは奇襲作戦とはいえないので、船団の泊地進入直前、護衛艦隊は索敵の目的で、上陸点付近へ艦砲射撃を加えていた。そういう状況なので、上陸地点の偵察のため、まず七隻の上陸用舟艇が着岸した。敵はいなかった。砲艦が一隻いたが、何ら抵抗する様子は見られなかった。それから上陸開始となったので、午前零時発進の予定が三十分おくれた。

その第一次上陸部隊が、上陸点に向かってつっ走っているとき、バンタム湾の入口付近で突如、猛砲撃がはじまった。この砲撃を「我が護衛艦隊が、敵砲艦に対して一斉射撃を始めたものだった」と、町田敬二氏は『戦う文化部隊』（原書房刊）に書いている。つづけて、「すると湾内の一小島プーロー・パンジャンの島影から、物凄い砲撃が始まり、停泊中の船団に向かって巨弾が集中し始めた。一斉に緑や紫の信号弾や、照明弾が、空中に花と咲いて、海は妖《あや》しく輝き渡り、船団の影はくっきり照らし出された。時どき曳光弾が赤い糸を引いて、空中に弧を描いて近づく。轟雷のような発射音と炸裂音の中で、命中の破裂音と、、水柱を上げる海の悲鳴が絶え間なく続いていた」

ところが毎日新聞の従軍記者・若月五郎氏によると（氏は海軍の従軍記者で、駆逐艦「吹雪」の艦上にいたらしい）、最初の砲撃は日本軍のものではなく、「このとき、泊地沖合いを哨戒中の『吹雪』は、敵艦から猛烈な砲撃を受けた。果たして、スンダ海峡に出撃のヒューストンとパースの二巡洋艦である」といっている。たぶん後者の方が正しいのであろう。ヒューストンとパースの両艦は、スラバヤ沖海戦ののち、バタビアで給油を行ない、スンダ海峡を抜けようとただちに出港した。これが二十八日の午後であった。このときオランダ駆逐艦が一隻、バタビアにいたらしいが、どうしたわけか同行せず、単独行動をとったらしい。エベルツェンという艦で、これも撃破される運命にあった。

結局バタビア（今のジャカルタ）からは、二月二十八日の午後、米重巡、豪軽巡、蘭駆逐艦が、それぞれ一隻ずつ出港したことになる。右の二巡洋艦が、バンタム湾の船団泊地から約十六キロ北東方で、チャーチルによれば「日本艦隊の主力の真ン中へ、偶然にもまぎれこんだ」のである。

こうして俄然、激烈な砲撃戦が突発した。しかし、チャーチルのいうような「日本艦隊の主力の真ン中」ではなかった。この急戦は、わが駆逐艦と敵巡洋艦との接戦で、砲口径の差がそのままあらわれ、次第に「吹雪」以下は圧倒されはじめた。そのうち湾内の船団に気づいたヒューストンが、泊地に向かって砲弾を送りはじめた。ときどき巨大な曳光弾が飛び、泊地はたちまち一大修羅場と化した。

「吹雪」は快速を利用して、たくみに敵艦の目をのがれ、ふたたび近接し、約二キロの近距離から魚雷を発射した。この四発が敵艦をす通りして、わが船団泊地へ突進していったからたまらない。敵の砲撃では何の損害もなかったのに、たちまち輸送船四隻が沈没しはじめた。今村軍司令官搭乗の特殊輸送船・龍城丸も沈み、同中将は重油の海を泳いで上陸したし、宣伝班の乗船も沈み、大宅壮一、富沢有為男、横山隆一、河野鷹思などの諸氏も油光りする海坊主になった。この船団を襲った魚雷については、陸軍では敵のものだと思っていたが、海軍ではとっさにわかっていた。それは、泊地を攻撃した米重巡ヒューストンには、魚雷発射管は装備されていなかったからである。三、四隻のわが駆逐艦は、まさに〝帝国海軍が世界に誇る水雷夜襲〟の場なので、ここで敵を逃がしては〝水雷屋〟の面目がないとばかり、砲雷撃を猛反復しては、ヒューストンとパースに追いすがっていた。まず、パースに魚雷四本が命中し、大音響とともに火災が起こった。一瞬、洋上の一点は赤々と反照し、雷跡、水柱、航跡などで、狂濤している海面が、奇怪に、赤と黒の模様を浮き上がらせた。時に午後十一時四十分であったという。

各駆逐艦は喊声を上げて狂喜し、火だるまとなって、のたうちまわるパースめがけて殺到、集中雷撃を加えた。そのうち六本が命中、いよいよ火の手はひろがり、もはやパースの命運は時間の問題となった。各駆逐艦は遠巻きに火だるまとなったパースを監視している。やがて大傾斜し、オーストラリア海軍を代表してジャワ方面艦隊に参加していたパースは、スンダ海峡に没し去った。これが三月一日午前零時五分である。

一方、ヒューストンに対しても、決死の肉迫攻撃がつづけられていた。このころすでにヒューストンは右傾し、戦闘力は半減していた。そこへ、パースを撃沈した駆逐隊が駆けつけ、四方八方から砲雷撃を集中した。おりから満月の洋上は明るく、魔物のように疾駆するわが駆逐艦群と、巨鯨のように右に左に快走するヒューストンの航跡で、一帯は、名状しがたい狂乱の千波万波である。

ついに魚雷が一発命中。主砲塔を破壊したらしく、斉射できなくなった。それッとばかり各艦は砲撃を集中し、ついにヒューストンにも火災を起こさせた。「われ砲撃命中！」「われ魚雷命中！」思い思いに伝声管へどなりつづける……。

零時五十分過ぎ、ついに米重巡ヒューストンは、猛火を背負ったまま転覆。バンタム湾口に近く巨影を没し去った。ヒューストンには千人以上の乗組員がいたが、うち三百六十八人は日本軍に救助された。パースの将兵三百七人も救助されている。

オランダ最後の東洋艦隊ともいうべき駆逐艦エベルツェンは、三月一日未明、インド洋への出口、サブク島付近で、わが駆逐艦二隻に捕捉・攻撃され、擱座《かくざ》してしまった。こうして二月二十八日の夜半から、三月一日の未明までに、バタビヤからインド洋へ逃走しようとした連合軍の三艦は、みなスンダ海峡で撃沈されてしまったのである。この夜戦はわが駆逐艦の手腕を充分、発揮したもので、スラバヤ沖海戦の拙劣さに比べて、はるかに価値のある一戦であった。

一方、スラバヤ沖海戦で傷ついて、いち早く艦列を離れた英重巡エクゼターは、スラバヤ港へ逃げこんでいた。アメリカ第五十八駆逐隊の四隻も、魚雷を撃ちつくして引き揚げ、スラバヤ港内で一つになった。このとき英駆逐艦エンカウンターも帰港していた。米艦は東へ突出、バリ海峡を抜けてオーストラリアへの脱出を試み、傷ついたエクゼターは西へ突出、スンダ海峡を抜けてセイロン島への逃走を試みることになった。

二月二十八日の夜、エクゼターは、英エンカウンター、米ポープの二駆逐艦に守られ、スラバヤ出港、西に向かって急いだ。他の米駆逐隊は東へ走り、これは無事にオーストラリアまで逃げのびている。

明けて三月一日の午前十時二十分、エクゼター以下の三艦は、スンダ海峡で圧倒的に優勢な日本海軍に包囲攻撃されはじめた。この日本艦隊は、第三艦隊司令長官・高橋伊望中将の指揮する重巡「足柄」と「妙高」を基幹とする精強部隊に、スラバヤ沖海戦から回航してきた第五戦隊（重巡「那智」「羽黒」）が加わっており、勝敗の帰趨ははじめから明白であった。わが重巡から飛びたった飛行機の観測で、各艦の砲撃は見る見る正確になった。

午前十一時ごろ、スコールが戦場付近をおおい、敵艦はこれに乗じて魚雷を発射したが、それが最後のあがきであった。スコールはたちまち通過した。これを待っていたかのように、わが水雷戦隊の各駆逐隊は、敵の三艦めがけて殺到、はげしい砲撃戦を展開した。

十一時二十分、エクゼターは機関部に被弾して、みるみるスピードが落ちた。砲撃もストップした。これを見たわが巡洋艦群は、思いのままの位置から猛撃を加えた。もはや、エクゼターは満身創痍である。これにわが各駆逐艦が雷撃を加え、あっけなく撃沈した。

チャーチルは「一九三九年、南米アルゼンチンのラプラタ河口の戦いで、ドイツの『グラーフ・シュペー号』と交戦して、勇名をとどろかせたエクゼターも、ついに日本海軍の猛烈な砲火を浴びて釘付けにされ、正午すこし前、魚雷を受けて息の根をとめられた」と書いている。エンカウンターも撃沈され、英二艦からは将校五十人、下士官兵七百五十人が救助されている。

米駆逐艦ポープは巧みに煙幕を利用し、快速をかっていったん戦場を逃亡したが、日本軍には第四航空戦隊の空母「龍驤」（第三艦隊に貸与）があった。その急降下爆撃機が連続攻撃を加え、弱りきっているところを巡洋艦が砲撃し、ついに撃沈した。午後零時三十分ごろであった。ポープの生存者も日本海軍に救助された。このポープの行動は賞賛にあたいする。他の僚艦はオーストラリア航路へ逃亡したのに、傷ついた英艦エクゼターにつきそい、ひとり運命をともにしたのである。

以上、スンダ海峡上の海戦を一括して「バタビア沖海戦」といい、これで米英蘭豪連合のジャワ艦隊は、完全に壊滅した。ジャワの地上軍は三月八日、降伏。これで日本陸軍の主要南方作戦は一段落し、これからは持久戦の態勢確立となる（ただし、ビルマでは戡定《かんてい》作戦が行なわれており、大体三月中に一段落した）。が、海軍には、そういう一段落という時期はなかった。すでにアメリカの反攻ははじまっていたのである。

インド洋作戦

昭和十七年四月五日は日曜日で、しかも復活祭（イースター）が重なっていた。この〝休日〟の夜明け前、セイロン島の南方約二百カイリの洋上に、空母五隻、戦艦四隻、重巡二隻、軽巡一隻、駆逐艦八隻、それに油槽船数隻を随伴した大機動部隊が、針路を北にとり、一路セイロン島に向かって進んでいた。これほどの大機動部隊は、当時、世界中に一つしかなかった。日本海軍の〝勝利の艦隊〟南雲機動部隊だ。

日の出は午前九時十五分ごろ。このあたり、赤道に近く、南半球の大海原につづく深海で、海は紺碧に澄み、女性的にうねっている。凪はほとんどない。日の出前三十分。淵田中佐指揮の第一波攻撃隊、百二十八機の大編隊は母艦を発進した。

ハワイへは北から侵入したが、コロンボへは南から侵入する。それだけが違うだけで、あとはほとんどすべて、ハワイ攻撃を真似ている。夢よ、もう一度というわけだ。日曜日で復活祭というダブル休日を選定し、日の出直前発艦、早朝攻撃、という〝式次第〟を作り上げ、それで〈ハワイの栄光〉を再現しようとしたのである。安易といえば、これほど安易な作戦もない。

ハワイ攻撃には、少なくも海軍としては、できるかぎりの準備をやっている。ハワイへもスパイを送りこんでいたし、敵艦隊の動きその他、必要な情報は相当、集めていた。ところが、セイロン攻撃となると、敵情などは無視したまま、ただ攻撃方法だけを前回と同じにして、同じ栄光をおさめようというのだ。

「三月二十八日。ソマビル提督は、四月一日前後、空母を持つ日本の強力海軍が、セイロン攻撃に出動する、という情報に接した。同提督は三月三十一日、セイロン南方に艦隊を集結し、コロンボから二千キロの地点まで哨戒機を飛ばした……セイロン島にいる総司令官レイトン提督は、兵力全部に直ちに戦闘態勢をとらせ、商船を港から分散させた」（『チャーチル回顧録』）というのだから、もしこのときソマビル司令官が、もう少し飛行機を多く持っていたら、南雲機動部隊の壊滅は、昭和十七年六月五日のミッドウェー海戦を待つまでもなかったかもしれない。

当時イギリスでは、インド洋方面に新しい極東艦隊を急造中であった。その艦隊の基地として使用し得る港は、セイロン西岸のコロンボと、東岸のツリンコマリー港の二つしかなかった。つまりセイロン島にしか基地がないので、セイロン島の防衛は非常に重大であった。チャーチルとしては戦闘機の補充に努力していた。空母インドミタブルは、飛行機と空港設備資材を積んでは、インド洋をフル往復していた。

新極東艦隊司令長官ソマビル大将が司令官として、空母フォーミダブルで、セイロン島に着いたのは、三月二十四日であった。このとき彼の指揮下に属したのは、戦艦ワースパイト(旗艦)以下、戦艦五隻、空母三隻(インドミタブル、フォーミダブル、小型空母ハーミス)、駆逐艦十六隻、それにオランダのヘームスケルケ以下七隻の巡洋艦であった。これでは、迫りくる南雲機動部隊には歯が立たない。

三月末までにセイロン島に到着した飛行機は、戦闘機が約六十機、短距離爆撃機が少数、というところで、これも南雲部隊の敵ではない。が、ソマビルの入手した情報というのが、空母をともなう日本の強力海軍というだけで、世界一の南雲艦隊だとはわかっていなかったのである。そこでソマビルは日本艦隊を邀撃《ようげき》しようとして、セイロン南方に艦隊を集結したわけである。

三月三十一日から四月二日まで、このソマビル艦隊は非常に緊張していた。しかし、日本の潜水艦がセイロン南東方にあらわれた、という以外の報告はなく、また何事も起こらなかった。この急造艦隊の戦艦というのは、旗艦ワースパイトのほかは、四隻とも老朽艦で、イギリスではR級と呼ばれていた。そのR級戦艦の水が、二日の夜になると不足を告げてきたので、ソマビルは思案の末、いったん、六百キロ離れた秘密基地T港へ向かった。このT港というのは、セイロン島の南西方約一千キロのマルジブ諸島中のマルダイ群島に属する、アッズ環礁のことである。

四月四日の午後、ソマビル艦隊がアッズ環礁に着くか着かないうちに、哨戒機から「敵の大艦隊がセイロン島に近づきつつあり」との報告を受けた。そこで、明五日にはセイロン島が攻撃されることは明白となったので、提督はその夜、旗艦ワースパイト以下、空母フォーミダブル、巡洋艦二隻、駆逐艦六隻を率いてアッズ環礁を出航した。
「R」級戦艦四隻は、整備完了次第、他の残艦とともに、ウィリス提督が指揮して追及することに決められていた。また、当時コロンボで修理中だった巡洋艦ドーセットシャーは、三月三十一日、修理を中止して、僚艦コンウォールに守られ、いったん外洋へ待避していたが、四月三日にはふたたびコロンボへ帰っていた。この二巡洋艦も、四月四日の午後おそく、日本艦隊近接の知らせでふたたびコロンボ出港、艦隊に合流するため南西さして全力航行していた。

英インド洋艦隊の当時の主な動きは、以上のようなものであった。

現地時間、午前八時すこし前。セイロン島南端付近の上空には、積乱雲がたちこめていた。雲の下はスコール……。淵田機は、雲の切れ目や薄い部分をたくみに抜けて、零戦三十六、艦攻五十四、艦爆十九という大編隊群を、目標に向かって誘導していった。そこは、間もなくコロンボ上空という地点であった。ふと、下方に敵機の編隊が見えた。小型のソードフィッシュ雷撃機八機の編隊だった。これに対して、零戦三十六機が上空から逆落としに襲いかかった。ほんの一瞬の出来事である。八機とも無残に海上へ落ちていった。

ふたたび編隊をととのえると、淵田隊長は進路をかえ、コロンボの北方へと迂回した。南方上空には、敵戦闘機が待ちかまえているにちがいない、と判断したのだ。

コロンボ市街はスコール直後で、緑がしたたるように美しかった。市の南東にある飛行場には、人も機も影一つなかった。港内には、わずかな商船が見えるだけで、艦艇は見えない。編隊はいったん市の上空を通過、海上から再進入して銃爆撃を加えた。飛行場、港湾設備などを目標にした。ガソリンタンクが炎上した。在泊商船は大小を問わず爆破した。一万トン級の船も一隻いた。しかし、淵田隊にとってはあっけない攻撃であった。

引き揚げにかかろうとするころ、南方から敵戦闘機群が近づいてきた。ハリケーン、スピットファイアなどが約二十機。戦闘機隊は空中戦を展開。爆撃機隊は母艦に向かった。しかし何機かは撃ち落とされた。この第一波の戦果も損害もほとんど不明だが、英軍側は「戦闘機三十二機が邀撃し、二十四機が撃墜された」と公表している。チャーチルの回顧録には「敵の損失は二十一機。わが方は戦闘機十九機と、艦隊機のソードフィッシュ六機を失った」とある。また、駆逐艦テネドス、武装商船巡洋艦ヘクターが沈没、潜水母艦ルチアと商船一隻を損傷。他の商船にはまったく被害はなかったらしい。

このとき、ドーセットシャー、コンウォールの二巡洋艦は、艦隊に合流しようと、二十七ノットの速力で走っていた。これを午前十一時ごろ、コロンボ南方数十カイリの洋上で、わが偵察機が発見、ただちに母艦へ打電した。

「敵の大型巡洋艦二隻、南下中」との無電に、江草隆繁少佐の指揮する第二波攻撃隊（九九式艦爆五十三機）が発艦、北上した。無電は刻々とはいってくる。発進してから一時間もたたないうちに「重巡ドーセットシャー。同じくコンウォールなり」と知らせてきた。

わが偵察機は、ぴったり敵艦にくっついて離れなかった。もはや両巡洋艦の運命は決まったも同然である。午後一時四十分。江草隊は二隊にわかれて、いっせいに両艦に襲いかかった。まずドーセットシャーが轟沈。間もなくコンウォールも八発の爆弾を受け、あっけなく沈没した。このとき洋上一帯は快晴で風がなく、両艦の浮遊物の中を泳ぎまわっている生存者たちの姿が、いかにも哀れだった。たった二十分間の〝嵐〟であった。

この付近は人食いザメの多い海域だったが、両艦の乗員は四百十九人死んだだけで、千百二十二人は翌日の夕方、救助された。しかしもちろん、負傷者は多数だったのである。ここではじめてソマビル提督は、眼前にあらわれた敵が南雲機動部隊であることを知った。これはとうてい立ち向かえる相手ではない。空母五（赤城、蒼龍、飛龍、翔鶴、瑞鶴）、高速戦艦四（霧島、金剛、比叡、榛名）、重巡二（利根、筑摩）、その他、高速巡洋艦に第一級の駆逐艦ばかりをしたがえているのだ。これは日本がインド洋へ大々的に進出してくる初動だと判断した。

ともかくも何とか対抗手段はないか……ソマビルは懸命に考えつづけた。何しろ、インドとセイロン島の一帯は、当時中近東地区の英軍に食糧・弾薬を送る、唯一の補給路だった。これを日本軍に犯されては、イギリスの世界戦略が大狂いするのだ。しかし、実はさほど心配することはなかったのである。

日本には、確固たる世界戦略などはじめからなかったし、このときももちろん、そうした配慮は一片もなかったのだ。ただ、ビルマへの補給路さえ何とか形がつけば、という程度の願望から、対米作戦を「手抜き」して、臨時にインド洋へ乗り入れてみただけのことである。このインド洋作戦については、後章であらためて述べる。

南雲艦隊はコロンボからの哨戒圏を避け、なおも北上をつづけながら、あくまでも英極東艦隊の所在をもとめていた。しかしソマビルは慎重で、旧式母艦ハーミスほかの数艦を分散使用して、セイロン島方面を警戒しているだけで、ついに捕捉できなかった。そこで機動部隊では、ツリンコマリー港を攻撃することに決め、翌六日早朝、第一波百二十機を発進させた。ツリンコマリーは、シンガポールなき後の、アジアにおける英海軍最大の根拠地だから、急ピッチで諸工事が強行されていた。港内には軽巡二隻、駆逐艦数隻のほか、商船も相当数、停泊していた。

英軍側にはわが方の動きがわかっていたのか、それともそういう警戒態勢だったのか、戦闘機二十三機が上空を飛んでいた。たちまちツリンコマリー上空で乱戦がはじまり、地上砲火がいっせいにわが編隊に向かって乱射されはじめた。が、淵田中佐が「航空攻撃の量的威力をマザマザと感じた」ほど、ツリンコマリー一帯は破壊されたのである。コロンボ空襲のときと同じく、ツリンコマリー攻撃のときも、第一波が帰路を飛んでいる途中に、偵察機が洋上で敵艦を発見した。

「敵空母一、駆逐艦一、南下中！」

まったく同じだ。江草第二波隊九十一機が「それッ」と発進する。無電は刻々と届く。

「空母はハーミス型。ハーミスらしい……敵空母はハーミスなり」

これは英海軍最初の航空母艦で、一万八百五十トン。煙突、司令塔その他、一切の構築物を右舷に片寄せた「フラッシュ・デッキ」と呼ばれる、甲板上には何一つない旧式の母艦だから、確認は容易だった。

駆逐艦は、マレー半島エンドウ沖で奮戦したバンパイヤであった。この二隻が二十四ノットで走っていたが、午後一時五十分、ツリンコマリーから何ほどもはなれていないバチカロア沖で、圧倒的多数のわが攻撃機に襲いかかられ、あッという間に波紋だけを残して消えていった。

何とも恐るべきは、機動部隊の破壊力である。南雲部隊のパイロットは超一流ぞろいだった。こういうパイロットは、一年や二年では養成できるものではない。こうした優秀な多くの搭乗員を活用して、この時機に新しいパイロットの養成を急ぐべきだったのだが、日本海軍はそれをおこたってしまった。

母艦群は、セイロン島の南東方約二百カイリにいた。この〝二百カイリ〟というのは、攻撃目標から飛行機が帰ってくる、もっとも普通の距離であったが、第一波はまだ帰投していなかった。それが幸いしたのかどうか、突如、爆弾が上空から降ってきた。みな旗艦「赤城」のまわりに集中しており、水柱が右舷に四発、左舷に二発噴き上げた。

わがパイロットたちの爆撃命中率は、この一連の攻撃で、九十パーセントという驚異的な腕前を示しているが、せめてその半分の腕前が、このとき英爆撃機の飛行士にあったなら、

「赤城」はインド洋の藻屑と消えたか、少なくも中破以上の被害を受けていたのである。あわてて対空戦闘をはじめたが、間に合うはずがない。上空直衛機がやっと気づき、ブレンハイム双発爆撃機九機を追跡し、空中戦で五機を撃墜。残る四機もどうにか基地に帰投したが、二度と使用できないほどの損傷を受けていたという。このとき、「飛龍」の戦闘機操縦士で、分隊長として英名をうたわれていた熊野大尉を失っている。

敵機は、第一波の着艦時を狙って出撃してきたのである。この重要なことに、わが方では全然、気づかなかった。これが後日、ミッドウェーの失敗につながっていくのである。

「飛行機収容中に攻撃するのには、時間がややズレたので、命中弾を与えられなかった……」と、この「赤城」攻撃について、英軍パイロットがいっているのは、はなはだ重大なことだ。この時点で、南雲〝無敵〟艦隊には、早くも灰色の影が忍び寄りつつあった。

このときインド洋へ出撃していたのは、機動部隊だけではなかった。第一南遣艦隊司令長官・小沢治三郎中将直率の巡洋艦九、駆逐艦十数隻、それに空母「龍驤」を配した艦隊が、三方面にわかれて行動していた。カルカッタ方面の北方艦隊、ビザガパタム方面の中央艦隊、マドラス方面の南方艦隊である。この小沢艦隊は、インド東岸沿い海域を航行中の船舶を〝剿滅《そうめつ》〟するのが目的だった。「龍驤」を捜索機がはじめて飛び立ったのは五日の午後で、三方面への隠密進出が完了するまで、無線さえ管制していた。

しかし先方では、不完全とはいえ、諜報によって、日本海軍の企図を察知していたので、三月三十一日以来、カルカッタ方面の船舶を分散させていた。が、結局のところ四月六日午前中だけの攻撃で、小沢艦隊は船舶二十一隻、十四万トン（英発表は九万三千トン）を撃沈。同七隻、四万トンを撃破した。

このベンガル湾の大暴風のため、イギリス側では今後しばらく、ベンガル湾の航行を一切禁止している。「日本海軍が大集結して、わが方に向かってくる形勢に——」とチャーチルは述べている。

「私は、アメリカ艦隊の出動を、ぜひとも求めたい気持にさせられた。私は、ルーズベルト大統領に救援の電報を送った」

〝日本海軍航空隊の威力〟について、チャーチルは率直に認めている。ドイツとイタリアの空軍を相手にした地中海の戦争では、こんなことはただの一度もなかった——と。

泥縄式の戦争指導

開戦時の昭和十六年十一月二十六日、千島の単冠湾を出て以来、南雲機動部隊が走破した全航程は約五万カイリ。赤道上を二周三分の一ほど機動している。この間、一時的な休養こそあったが、将兵の大部分は、防諜上、ほとんどどこへも上陸を許可されていない。

セイロン空襲からの帰途、この世界一の大機動部隊がシンガポール港へ寄港したのは、四月十日頃だったと記憶しているが、筆者は、その数十隻の大艦隊に驚嘆した。筆者は当時マレー作戦に従軍、シンガポール陥落後、当地に駐屯していた。そんな大艦隊を見たのは、後にも先にも、そのときだけである。これは、小沢艦隊と南雲艦隊が一緒に入港したものだったが、当時は「セイロン襲撃」のニュースしか発表されていなかったので、われわれはみなこれが「セイロンを襲撃した艦隊か」と、了承したものである。

この大艦隊は、セレター軍港などへはとうてい、はいりきらないので、シンガポール商港の沖合へつめかけていた。これから判断しても、イギリス極東艦隊の海軍力はとうてい、日本の敵ではなかったことがわかる。シンガポールは東洋のジブラルタルと豪語していたが、日本海軍の約十分の一の艦艇さえ、収容しきれない軍港を、世界四大要塞の一つに数え立てていたのだ。

このとき南雲長官は、連合艦隊からの命令で、麾下の第五航空戦隊（司令官・原忠一少将。「翔鶴」「瑞鶴」）を、第四艦隊司令長官・井上成美中将の指揮下に入れてMO作戦に協力させ、残余の艦隊を率いて帰国するよう指令されていた。これが、どれほど重大な結果になるかを、まだ誰も知らなかった。このときすでに、南雲機動部隊の運命は一路、惨澹たるフィナーレに向かって動き出していたのである。それはもちろん、日本凋落の序曲であった。

〈MO作戦〉とは、ポートモレスビー、ツラギ、ナウル、オーシャンなどの攻略作戦の秘匿名であった。第四艦隊は、第五航戦を機動部隊として随伴し、この作戦の実施を命じられていたのだ。

ここで、ソロモン海方面に対する日本海軍の作戦方針について、少し眺めてみよう。もちろん、これは対米戦略そのものでもあるので、当時の日本海軍（大本営も含む）の戦略構想を明らかにすることになる。

まず――日本は致命的ミスを犯している。開戦にあたって陸海軍の決定した基本的作戦要綱が、そもそもバカげていた。開戦初頭、アメリカ艦隊を一撃して、その復旧に要する期間を約一年と仮定し、その間に南方資源を戦力化し、息を吹き返したアメリカ軍が出撃してくるのに対し、爾後の持久戦を可能ならしめるという、あの根本的方針である。これは、アメリカに対して、究極的には〝守勢〟をとっているにすぎないのではないか。

元来、日本陸海軍の伝統的戦略態度は〈即戦即決〉主義であった。それが小国たる日本の理想的方法で、長年かかって蓄積した戦力を、一時に集中使用し、相手の戦意をくじき、短期間に勝敗を決するのでなければ、ちっぽけな島国の日本では、息がつづかないのだ。そこで当然、一にも二にも攻撃また攻撃が必要になる。

それに、どう考えてみても、日本が〝持久戦〟をとってもちこたえられるわけがなかった。それはアメリカ側の望むところで、持久戦となれば、その巨大な生産力で、日本が何十年もかけて蓄積した戦力の何倍でも、わずか一年そこそこで作り出してしまう底力を擁していたのだ。そのアメリカの生産力の巨大さそのものについて、当時の指導者たちはどこまで認識していたのか、はなはだ疑問である。

さきに、一月二十三日、日本海軍はほとんど敵のいないラバウル、カビエン、ラエその他、ソロモン海に面する要所を占領していたが、その直後、ポートモレスビー以下、MO作戦の目的各地を占領する計画を立て、大本営の認可を得ている。このとき陸軍その他は猛反対したが、海軍はあくまでも強硬に主張し、ようやく意志を貫徹したのである。それは〝米豪交通線遮断作戦〟の足場で、オーストラリアに対して航空基地を推進するためであった。それを、なぜただちに決行しておかなかったのか。その当時なら、たぶん何ほどの抵抗もなく、目的を達していたのに。

ところがMO作戦の実行までには、二月、三月、四月と、正味約百日間たっている。この間に、ポートダーウィン攻撃とか、インド洋作戦を実施したわけだ。インド洋作戦とMO作戦の、どちらを急ぐべきだったかについては、論じるまでもないだろう。日本はまったく逆の手を打ったのだ。アメリカをあなどっていたからである。

この当時までアメリカは、ひっそりと鳴りをひそめていた、いや、ほんの少しばかり色気を見せている。二月一日のマーシャル群島空襲。二月二十四日のウェーキ島空襲。三月四日の南鳥島空襲である。これを日本は、アメリカが主力艦を失った窮余の一策として、南雲艦隊まがいの小機動部隊（常に空母一隻を基幹とした）を作り上げ、ちょこちょこ奇襲戦法をやっているにすぎないとみていた。

しかし、それは日本の眼前にあらわれた部分だけしか見ていなかったのである。まさに氷山の一角だった。このころアメリカはすでに、対日戦法を決定していた。あらゆる艦艇を機動部隊に改編して、戦艦などは対地砲撃用に使用し、機動部隊（タスク・フォース）で日本本土まで攻略しようと策定していたのだ。この時期、彼らはまだ、南雲部隊一つに対してさえ、勝てるだけのタスク・フォースがなかった。そこで、一切姿を見せず、忍者さながらに「ちょこちょこ」やっていたのである。

しかし、なぜ危険を犯して、そういう他愛もないことを敢行していたのか。日本海軍の目をぜひともその方向（太平洋東部）へひきつけたかったのだ。それはなぜか。答えはチャーチルが書いている。一月末、日本軍がラバウルやブーゲンビルを占領したとき、彼は「これは、アメリカと、オーストラリアの間の、生命線を切断しようとする、重大な計画の第一歩であった」と書いている。

つまり日本海軍が大本営で強硬に主張して、ようやく認可されたMO作戦が、やがてソロモン海方面に実施されることを、チャーチルは地球の裏側で見破っていたのだ。ではアメリカ側はいったいどう考えていたかというと、この方面へ、それ以上強力な日本軍が作戦することを、もっとも恐れていた。そのため、まだ準備もろくにできていないのに、できたてホヤホヤのタスク・フォースを使って、日本の注意をソロモン海から東部太平洋方面へそらせようと、苦肉の（しかし懸命の）努力を払っていたのだ。

ソロモン海域は、アメリカの反撃第一拠点に予定されていた。単に米豪連絡だけなら、南極経由でやっても一人の血も流れない。しかしソロモン各地は、何千人の血を流しても、いつかはアメリカが入手すべき拠点に予定されていたのである。日本海軍が「太平洋艦隊を覆滅さえすれば、アメリカ国民は戦意沮喪する」などと、一人よがりに相手を判断してただ漫然と〝持久〟を策しているうちに、アメリカは「リメンバー・パール・ハーバー」の合言葉で一致結束し、途方もない戦意をかきたてていた。アメリカは、あくまでも冷静に現実を認識しており、日本を屈伏させる道はただ一つ〝東京への道〟を終点まで進むことだと、とうの昔に悟っていた。その〝東京への道〟のスタート点こそ、このソロモン群島界隈だったのである。

こうした一貫した作戦方針のもとに、着々とタスク・フォースを整備し、どうやら〝いくらかのハンディキャップ〟さえあれば、日本の機動部隊に太刀打ちできる、というところまで充実したのが、この昭和十七年の四月中旬ごろであった。ハワイ攻撃後、源田・淵田らが強硬に主張した「アメリカが息を吹き返さないうちに、機動部隊数隊で東太平洋を索敵し、太りきらないうちにつぎつぎに叩きつぶすべきだ」という意見に耳をかさなかった一事が、ようやく海軍首脳部をして後悔させるべきときが、今や刻々と迫っていた。

インド洋作戦は、ビルマの補給路を確立する必要上決定されたとなっているが、実は、この時点でインド洋作戦などをやる必要は、ほとんどなかったのではないかと筆者は思う。ビルマは陸軍の作戦担当地区で、ほとんど陸軍が勝手に戦線を拡大したにすぎなかった。ビルマの補給路云々は、まったくのつけたしなのである。せっかく一月末にMO作戦の認可を得ておきながら、それを〝手抜き〟して、機動部隊を大挙インド洋へ送りこんだ裏には、おそらくハワイの栄光をふたたび手にしようという驕《おご》りがあったのではないかと思われる。

このころ、チャーチルがルーズベルトに送った「救援を求める電報」の中に「今やアメリカは、太平洋においては、日本軍よりもはるかに優勢であるに違いありません。強大な米国太平洋艦隊の出現によって、インド洋にある日本海軍は、太平洋に戻るのではないでしょうか」という部分がある。アメリカは、日本軍よりもはるかに優勢な、強大な艦隊の造出に、この開戦直後の貴重な四ヵ月を使用していたのだ。このとき、アメリカは大西洋から、空母ヨークタウンを太平洋へ回航しており、太平洋には四隻の制式空母が行動していた。そのうち、レキシントンとヨークタウンの二隻に、重巡四、軽巡四、駆逐艦十四その他を属した有力機動部隊を、フランク・J・フレッチャー提督が指揮して、ソロモン海方面に進出していた。他の二隻、エンタープライズとホーネットは、チャーチルの要望にこたえて、四月十七日ルーズベルトが返信した文書中の「太平洋艦隊が今とりつつある行動は、軍の機密ですので、詳細にお知らせできませんが、今にわかるでしょう」ということをやりはじめていた。

まさにその日——四月十八日（日本時間）、〝何でも可能にする男〟ドゥリットル中佐の率いる陸軍の中型双発ミッチェルB25爆撃機十六機が、空母ホーネットを飛びたち、東京、名古屋、大阪、神戸の奇襲を敢行、そのまま中国大陸に向かって飛び去っていったのである。真珠湾、シンガポールの勝報に酔っていた国民にとっては、まさに寝耳に水の出来事であった。そして、それ以上に衝撃を与えられたのが、日本の政府首脳、とくに陸海軍の最高統帥部であった。つまり、米軍はいつでも思うときに東京を空襲することができ、日本にはそれを防ぐ方法がない、ということが明らかになったのである。

ここで先に述べた〝ビルマの補給路〟のことについて、もう少し釈明しておきたい。インド洋作戦などはほとんどやる必要はなかったのではないかといっておいたが、これは誤解を招くもとかもしれないので、ここで少しものの考え方について、筆者の立場を明らかにしておく。結論から先にいえば、ビルマの補給などについて頭を悩ますそのことが、本末転倒しているのである。

もともと、そんな困難な事態を誘発するために、ビルマ作戦を発起したのではない。この作戦は「マレー作戦の遂行を容易にするため」にプランされたもので、ビルマを占領するなどという考えは、当初は、いささかもなかったのである。

それが、マレーの安全のために南ビルマをとり、その南ビルマの防衛を完全にするために、ビルマ全土をとり、やがて、全ビルマ保持のためと称して、インパール作戦の発動となっていく。それがどれほど無益なことで、いかに多くの国民が悪戦苦闘し、ビルマ全土を鮮血で染めることになったかは、その後の歴史が明らかにしている。

第四章　運命の二海戦

空母「祥鳳」の沈没

サンゴ海海戦は、太平洋戦争の最初の転機であった。開戦後まだ半年もたっておらず、日本は連戦連勝、行くとして可ならざるはなく、戦線は茫漠とひろがり、まさにアジアの東縁部をごっそり〝領有〟した感があった。いったいどこまで日本はとってしまうのか……。オーストラリアはもはや指呼の間にあり、ヘビににらまれたカエルのように、はかない存在とも見えた。

日本海軍は、いよいよ待ちに待ったオーストラリアを包囲するため、第四艦隊司令長官・井上成美中将の指揮下に、インド洋から帰国中の南雲機動部隊のうちから第五航空戦隊を移した。第五航戦司令官・原忠一少将は、台湾の馬公で補給、四月十九日出港すると、ほとんど息もつがず南へ反転し、「翔鶴」「瑞鶴」の二空母をひっさげ、井上中将の指揮下にはいった。このとき第五航戦の勇士たちは、日本屈指の精兵ではあったが、連戦の疲れはおおいようもなかった。

これで井上中将の率いる艦艇は、右の制式空母二隻のほか、第四艦隊所属の改装空母「祥鳳」を合わせて空母三隻、重巡六隻、軽巡三隻、駆逐艦十五隻、油槽船十四隻その他となった。わかりやすくするため、この一戦に参加したアメリカ側の艦艇を、ここに並べておくと――空母二隻（レキシントン、ヨークタウン）。重巡四隻、軽巡四隻、駆逐艦十四隻、その他。日本軍の方がやや優勢である。参加飛行機は日本百二十一機。米百二十二機で、これはまさに伯仲。こうした空母対空母の決戦は、これがはじめてで、いよいよ戦争は新しい段階に突入し、近代戦の凄まじさがクローズ・アップされてくる。

アメリカの情報機関は、早くから、この方面の日本軍の動きに注目しており、およそのことは刻々とわかっていた。

カロリン群島やトラック島方面から、ラバウルさして続々と兵力が集結しており、いよいよ日本がこの方面で新作戦をはじめることは、明らかかと思えた。驚くべきことには、その新作戦（ＭＯ）の開始日が、五月三日であることまで、アメリカ側では探知していた。

米太平洋艦隊の総司令官Ｃ・Ｗ・ニミッツは、この重要地域だけは、いかなることがあっても、日本軍には渡すまいと決心していた。そこで、ハワイから急遽、フィッチ少将の機動部隊（タスク・フォース）を呼び寄せた。このフィッチ艦隊が、空母レキシントンを中に、重巡、軽巡、各一隻を左右にしたがえてサンゴ海に到着したのは、五月一日であった。

以前からサンゴ海の守りについていたＦ・Ｊ・フレッチャー少将のタスク・フォース（第

一七機動部隊）は、空母ヨークタウンを中心に、重巡三隻以下を随伴しており、この両艦隊が合流したのは五月二日であった。別に、イギリスのクレイス少将の指揮する一艦隊が急行中で、これは五月四日に右の両艦隊と合流している。このクレイス艦隊は、豪巡オーストラリア（旗艦）、ホバート、米巡シカゴの三軽巡を基幹として編成されていた。

五月三日の午後、ガダルカナル島南方約六百キロの洋上で、フレッチャー艦隊は給油中であった。この日は、日本軍の作戦開始日と予想されていたので、哨戒機を八方へ飛ばしていた。離島に配置していた小守備隊は、五月になると同時に引きあげにかかり、このときはもうほとんどソロモン諸島にも、ニューギニア各地にも残っていなかった。ただ、最後まで確保しようと決めていたポートモレスビーだけには、強力な地上部隊を配していた。

と、一哨戒機から無電があり、日本軍がツラギへ上陸したことを知らせてきた。ツラギは、ガダルカナル島の北東隣にある一小島。フロリダ島の西岸にあり、飛行基地として重要な島なので、豪軍守備隊を配置していた島の一つだった。しかしもちろんこのときには、守備隊は二日前に引きあげていた。

フレッチャー少将は即座に攻撃と決心し、翌四日早朝出撃と命令した。このフレッチャー攻撃隊が四日朝、ツラギ上空に襲いかかったときには、日本海軍の主力は付近に見あたらず、駆逐艦をまじえた少数の艦船と、舟艇だけになっていた。そこでたいしたこともなく、攻撃隊は思いのままに銃爆撃を加えて引きあげた。日本軍側には〝思いがけない〟大被害であった。これが、日米決戦の序幕となった、ツラギの第一回大空襲であった。

このとき日本軍では、ポートモレスビー攻略部隊を乗せた船団を守って、第六戦隊（五藤存知少将）の各艦が南下中であった。第六戦隊の後方には、第五戦隊と第五航戦がひかえており、ツラギ島へ上陸させたのは、ほんの一支隊にすぎず、このMO作戦の主目的は、あくまでポートモレスビーの攻略であった。

ツラギに米艦載機の大空襲があったとの報告を受けた井上中将は、モレスビー攻略部隊の船団がいては邪魔になるので、ただちにこれを反転北上させ、米機動部隊の攻撃圏外に退避させ、艦隊は全力をあげて米機動部隊を捕捉・撃滅しようと決心した。ツラギ空襲を決行したフレッチャー少将は、ただちに全艦隊に対し、給油をして集結するよう命じ、ニューギニア南東方洋上に集結した。この集結が完了したのは五月六日である。

フレッチャーは、日本のポートモレスビー攻略部隊がラバウルを出港したこと、たぶん七日か八日ごろ、ルイサード群島のジョマード水道を通過すること、日本艦隊には空母が三隻あること——などを知っていたが、六日にはまだ、それらの位置は不明だった。

一方、日本軍の方では、高木武雄中将指揮の第五戦隊（重巡「妙高」「羽黒」）をソロモン群島の東方から迂回させ、予想される敵機動部隊の後方に当たる南東方から、これを捕捉させるべく手配し、原機動部隊（第五航戦）と、五藤少将の指揮する第六戦隊（重巡「青葉」「古鷹」「衣笠」「加古」）とは、ソロモン群島の西方を一路南下した。この六日の朝、第六戦隊の旗艦「青葉」や「祥鳳」は、敵のボーイングB17重爆撃機四機に超高度爆撃を受けている。この〈空の要塞〉といわれたB17機は、基地航空隊の所属機であったが、どうしてフレッチャー司令部へ通報しなかったのか、この日、フレッチャーはついに日本艦隊の所在を知らなかったのである。

フレッチャーは計画どおり、六日夜は一路ルイサード群島に向かって進んだ。この夜、日本機動部隊もルイサード群島さして急行しており、一時は双方の距離わずかに百キロという状態であったが、どちらも互いに気がつかず、ふたたび離れていった。

七日朝、フレッチャーは、ルイサード群島の南方にいた。そこが、攻撃をかける予定地点であった。ここでクレイス艦隊を、日本艦隊が現われると予想されるジョマード水道の南出口付近へ分派し、水道付近を警戒させた。このクレイス艦隊をどうして発見したものか、日本海軍のツラギ基地航空隊・第十九航空戦隊の攻撃機が攻撃し、西方へ追いやっている。この攻撃は、チャーチルらにとっては「プリンス・オブ・ウェールズとレパルスを沈めた時と同じほどの激しさ」だったというが、この記述の信憑性は疑わしい。実際それほど猛烈な攻撃でなかったのは、彼らが「一隻も直撃弾を食わず、ポートモレスビーに向けて航海を続けた」ことでもわかる。この攻撃については、日本側に記録がなく、もしかすると、クレイス提督が戦場を離脱しかけたのではないかとも思われる。

とにかくクレイスは「敵機が帰ったことを聞くと、南へ引き揚げた」のである。これでは総指揮官たるフレッチャーが困ってしまう。そこが要点だから、わざわざ戦闘用の艦隊を差しむけたのに、こうあっさり〝引き揚げ〟られては、安心して戦うことができない。またこのとき、日本の基地航空隊が敵艦隊を攻撃したのなら、艦隊へ通報しているはずなのに、それもない。一度発見した獲物を、むざむざ逃がしたという例も、ほかにはないのである。とにかく、このわけのわからない航空攻撃は、サンゴ海海戦からまったく独立しており、とらえどころがない。

午前八時十五分、フレッチャーは哨戒機からつぎのような報告を聞いた。

「空母二隻、重巡四隻よりなる敵機動部隊発見！　位置、ルイサード群島北方」

「よしッ。攻撃！」

ただちに全力攻撃にかかった。これは哨戒機の誤認だったのか、または正しく「翔鶴」「瑞鶴」をとらえて報告したのを、攻撃隊の方が別の艦隊へ襲いかかったのか、実際に攻撃を受けたのは第六戦隊で、その随伴空母「祥鳳」がもっとも集中攻撃された。

「祥鳳」の直衛機である零戦六機は大奮戦で、二波、三波と襲いかかる米軍の大編隊中をかきまわしてはいたが、多勢に無勢で、焼け石に水だった。各艦および「祥鳳」は、全速で爆撃回避をやっており、これまでやわらかな三角波しかなかったサンゴ海の海面は、わきたっているかのような凄まじさで狂いはじめた。「青葉」以下の巨艦から連射する大小砲弾で、飛行機の爆音などはかき消され、全艦思い思いに弧を描いては狂奔するので、ときどきハッとするほどの近さをすれ違う。砲煙はもうもうと立ちこめ、曳光弾が上空へ狂乱の花模様を描きつづけている。その上方は高射砲弾の炸裂煙が全天をおおい、空は見えない。このとき第六戦隊の位置は快晴で、直射陽が無残に照りつけており、上空からの目視には、のがれようもなかった。

アメリカ側の記録と、日本側の記録には、相当の食い違いがあり、戦況の推移は正確には再現できないが、日本側でも、この早朝に「敵の機動部隊」を発見していた。午前七時三十分、「翔鶴」の艦攻一機が「敵空母一、巡洋艦一隻発見」を打電してきたのである。しかし実は、米空母と見えたのは大型給油艦ネオショーであり、巡洋艦と報告したのは駆逐艦シムスだった。「瑞鶴」と「翔鶴」は、この「米空母」に対して、合計七十八機の飛行機を発進させた。

発艦より一時間後の午前九時十分、七十八機は二条の白い航跡を発見し、シムスは爆弾三発が命中して沈没、ネオショーも火災が激しく放棄され、のちに沈没した。日本側は給油艦と駆逐艦わずか二隻に、艦爆三十六機、艦攻三十四機も投入してしまったのである。しかも運の悪いことに、攻撃隊発進の三十分後、重巡「衣笠」の水上偵察機が、「祥鳳」らの南南東二百カイリに「敵空母一隻、戦艦二隻、巡洋艦二隻、駆逐艦七隻あり」と報告してきている。しかし戦闘前に無線を発することは自殺行為に等しい。「翔鶴」と「瑞鶴」はただ歯をくいしばって飛行機の帰投を待つよりほか仕方なかった。

一方、「祥鳳」は全対空火器を猛射しながら、友軍環視の中を右に左に突っ走っている。敵編隊がその上空をよぎるたびに、無数の水柱が連立して、一瞬、「祥鳳」は見えなくなる。各艦の甲板員は、ハッと息をのんで水柱の小山を注視する……ざざあッと、水柱が崩れ落ちる白い幕を突き破って、「祥鳳」が猛然と走り出る。

と、敵の大編隊がふたたび襲いかかってきた。雷撃機が勇敢につっこんだと見た瞬間、

「祥鳳」の対空砲が命中して、パッと火光が一閃し、嘘のようにかき消えた。と、また一機、二機……一秒とは間をおかずつぎつぎにつっこんでいく。「祥鳳」は艦体が折れんばかりに回避運動を強行していたが、ついに火を噴いた。午前十一時三十分、総員退艦命令が発令された。そしてまもなく、ぐうッと「祥鳳」の艦尾が持ち上がり、みるみるうちに沈んでいった。これが、日本海軍最初の、空母の犠牲であった。

第六戦隊旗艦「青葉」の艦橋上は声もない。五藤司令官も貴島先任参謀も、無念の涙を流していた。艦は、「祥鳳」の沈没を見届けた敵機の攻撃を避けては、一斉射撃を連発しながら、急転また急転、のたうちまわっていた。が、ただ逃げまわっていたのではない。「祥鳳」の沈没位置へと進んでいたのである。見ると、木片その他に取りついた生存者がさかんに手を振っている。

敵第二波が去ると、ただちに「青葉」から内火艇をおろし、「祥鳳」の生存者を収容しようとした。そのとき第六戦隊に火急退避命令が出た。これは、あまりに敵機動部隊に近いことが、そのときやっとわかったからだ。

「内火艇おろし、やめ！」

無残なことに、歓喜の手を打ちふっていた海上の将兵は、一瞬、身動きもしなかった。

「青葉」からは樽や救助袋をつぎつぎに投入する。マストから手旗信号が送られた。

「アトデ迎エニクル。ユックリヤッテオレ」

海上からは「了解」の手ぶりがこたえる。

「よし！」久宗艦長が一つうなずき、みるみる「青葉」は北方へ遠ざかった。「祥鳳」沈没後、約十六分たっていた。全速航行、約四分。上空を二十機ばかりの友軍機が旋回しはじめた。「祥鳳」の艦載機である。いくら旋回しても、もう母艦を発見することはできないのだ。

「ラバウルへ行け」と、無電する。

「了解」とは返信しても、なお上空を二回、三回と旋回していたが、ついに北方へ遠ざかった。五藤少将、久宗大佐以下、みな暗然と、その母艦を失った哀れな編隊を仰いでいた。

結局、「祥鳳」は十三発の爆弾と七本の魚雷を受け、士官三十四、水兵六百二名もの戦死者を出してあっけなく沈没した。一方、「祥鳳」を沈めるのに米軍側が払った代償は、レキシントンの艦爆二機と艦攻一機の計三機だけだった。

日本軍には決定的な欠陥があった。レーダーがなかったのだ。これはまさに決定的だった。この夜、「瑞鶴」「翔鶴」は計三十機の攻撃隊を出撃させていた。彼らは一時間ほど飛んだが、やや方位をそれ、米空母の上空をむなしく通過している。というのも、この日は天候が米軍側に幸いして、フレッチャー艦隊は東西に流れる低い密雲の中にすっぽりと身をひそめていたのである。

攻撃隊が敵艦の西方百カイリまで来たとき、雨の中で突然グラマンＦ４Ｆ艦上戦闘機四機に後方から襲われてしまった。これは空母レキシントンから対空パトロールに発進したもので、米空母はすでに初期のレーダーを装備していたから、夜間でも日本機の接近を知ることができたのである。熟練とカンだけではどうにもならない科学の差であった。結局、夜間攻撃は完全に失敗し、合計三十機のうち十一機が失われた。

「空しく、敵機編隊が母艦に帰る途中、フレッチャー部隊の近くを飛んで行くのが、レーダーのスクリーンに姿を映した。レーダーを持たない敵には、何もわからなかったのである」

と、チャーチルは書いている。

この種一連の電波兵器の開発は、日本はアメリカと比べておよそ十年おくれていた。これは全戦場で、全将兵が、空を仰いで無念がった〝恨みの電探〟であった。日本海軍敗因の一大要素でもあった。陸兵たちもまた、この電探（小型ビーコン）にないた。昼は圧倒的砲爆撃に追われ、夜は――夜襲斬り込みは――ビーコンでキャッチされた。

弾丸は尽き、食糧はなかった。それでも、日本が〝無条件降伏〟しようなどとは、誰一人思わず、赤道のかなたのジャングルの中で、従容と死んでいったのだ。いったい誰が、何が、そういう愚劣な結果をひき起こしたのか。それを究明するのが、生き残ったわれわれの義務であろう。日本人は二度と、ああいう愚行をくりかえしてはいけない。いや、全人類がそうあって欲しいと筆者は願う。

こうして七日の戦闘は終わった。

わが方は改装空母「祥鳳」を失ったので、それだけ飛行機数は減ったものの、制式空母二隻は健在で、敵空母二隻と、まさに勢力伯仲である。基地航空隊は、敵の方がやや有利。これはポートモレスビーからの出撃である。わが方は、上陸したばかりのツラギと、ニューギニアのラエ基地から飛び立っていたらしいが、肝心の長距離機が敵の方に多かった。この夜は双方とも必死だった。ともに夜襲をやろうとしたが、ついに双方とも、空母を発見することができなかった。しかし大体の位置は、双方とも見当がついているのだ。ただ全速で走っているので、艦隊では追いつけないだけのことで、一夜明ければ、所詮は、双方必殺の大襲撃戦が展開するのは、わかりきっていた。緊迫した一夜だった。運命の日はまさに明日に迫っていた。

相打つ機動部隊――サンゴ海海戦

昭和十七（一九四二）年五月八日の夜は明けた。サンゴ海一帯はその日も雲が少なく、太陽が水平線を割って躍り出た。この朝、互いに敵空母を求め合う日米の両機動部隊は、未明から攻撃準備を完了して、それぞれ全速力で走っていた。捜索機は八方に飛び、互いに一分一秒を争っている。

これは、発進前の飛行機を持っている航空母艦は、火薬置場と同じようなものだからである。爆弾や魚雷をかかえた飛行機がズラリと甲板に並んでいるので、一発でも敵弾をくらえば、もはや飛行甲板は使用不能となる。場合によっては、そのまま誘爆で沈没することもある。敵に襲いかかる時間そのものは、多少おくれてもたいしたことはない。が、全機を発進させる以前に、敵襲を受けては、もはや勝ち目はない。とにかく一秒でも早く敵の所在を発見して、全機を飛びたたせなければならないのだ。

捜索開始約二時間後、両軍の索敵機はほとんど同時に敵空母を発見した。しかし「翔鶴」

の艦攻がレキシントンを発見した方がやや早く、なおかつ位置、速力、針路などの測定が正確であった。

午前九時十分、「瑞鶴」「翔鶴」は六十九機の攻撃隊を発進させた。彼らは高度四千～四千五百メートルで南西に向かった。一方、日本側の発進より五分後の九時十五分、米第一七機動部隊旗艦ヨークタウンは四十一機の攻撃隊を発進させ、十分後にレキシントンも四十三機の攻撃隊を送った。

午前十時三十分、ヨークタウンの攻撃隊が日本空母二隻を発見、後続機の到着を待って午前十一時ごろから攻撃を開始した。これに対して日本軍の攻撃開始は約二十分おくれている。この遅れは、飛行機の巡航速度の差というよりも、①「翔鶴」「瑞鶴」が攻撃隊の発進直後、帰投する味方機を一分でも早く収容しようと二十五ノットで南下、敵に向かった、②日本は二隻の空母の搭載機を一グループにしたのに対し、米国側は二陣に分け別々に発進させたため、編隊を組むまでの時間のロスが少なかった、という二つの原因によるものである。しかし十一時四十分には、すべては終わっていた。わずか四十分間で、日米戦の一転機となった空母対空母の決戦は終わったのだ。近代戦の苛烈さを如実に顕現した一戦ではあった。

この決戦のとき、日本軍に有利なことが一つあった。雲だ。この気まぐれな南海の放浪者は、天才的な演出者だ。昨日は米空母を包んで保護したが、今日は日本空母に味方していた。第五航戦の付近には、雲が低くたれこめていた。米攻撃隊が襲いかかってくるのを見ると、「瑞鶴」は、いちはやく雲の中に隠れた。このため米機は「瑞鶴」を見失ってしまい、残る

「翔鶴」に攻撃を集中した。

折りしもスコールが降っていた。「翔鶴」は水しぶきをあげて逃げまわったが、しょせん逃げおおせるものではなかった。魚雷は全部かわしたが、爆弾三発を受け、大火災を起こした。一時は行動不能におちいった。しかし米軍機はこの好機を捉えることができず、「翔鶴」を半殺しにしたままで引きあげてしまった。これで「翔鶴」は息を次き返し、どうやら帰航。ふたたび戦場へカムバックしてくるのである。

一方、フレッチャー少将の艦隊周辺は、雲ひとつないかんかん照りの洋上であった。わが飛行士たちは、敵の撃ち出す猛烈な弾幕をくぐり、あいついで爆死する戦友機を追い越し、体当たり攻撃を続行した。ヨークタウンはたくみに回避運動をやったものの、しょせんは逃れることのできる運命ではなく、二発三発と被弾し、全艦火炎につつまれ、巨大な火だるまとなり、今はただ洋上を漂っているのみであった。

フィッチ少将の座乗するレキシントンは、最初から魚雷を受けており、行動が不自由だったため、つぎつぎに被弾した。わが攻撃隊の戦士は、ハワイ以来の精鋭ぞろいだから、レキシントンの運命は、もはや決定的であった。魚雷二発、爆弾三発が炸裂し、もうもうたる黒煙を噴出しながら、それでもかなりの速度で走っていた。こうした米空母自体の持つ自衛力の強大さに、百錬の勇士たちは舌を巻いた。対空火砲の装備では、日本の空母の二倍以上、わが戦艦をもしのぐ火砲を備えていた。飛行甲板も厚く、特に舷側の装甲度が厚かった。艦内の防火・防水壁が完全で、教発の被弾では致命的損害にならず、防火設備も整っており、少々の火の手はたちまち消し去った。これらは、日本の母艦にはとうてい望めない〝戦力〟だった。

つまり、同じ攻撃力を加えたのでは、敵艦はほとんど平然としており、日本艦は撃沈または行動不能になってしまうということだった。実は、もう一つ重大な欠陥が、わが母艦にはあった。通信設備が貧弱で、とても大艦隊を統制する能力がなかったことだ。これは、海軍自体の頭が、まだ空母中心の戦術思想に発展していなかったために「空母が大艦隊を統制する」などということは、思いも及ばなかったのである。では、空母が大艦隊を動かしたことはなかったのかというと、すでにハワイ奇襲やセイロン空襲によって、それは実行されていた。この時期までの海軍の作戦中、右の二大作戦に匹敵するものはなく、戦果もまた最大級であった。

第一、アメリカという遠い国を相手に戦っているからには、遠洋決戦のできる艦隊でなくては役に立たない。その遠洋決戦となると、ハワイといいセイロンといい、ともに機動部隊システムで実行しているのではないか。それが必要で、そういうことになったのに、まだ戦術の根本思想に〝舷々相摩す〟艦隊決戦などを第一に考えているとは、何たる時代錯誤だろう。一国の前途を左右する〝運命の決戦〟が、たった四十分間（双方の正味時間は、その半分）で決着するという現実が、ここサンゴ海で、いまや実証されたのである。

レキシントンは左舷に大きく傾き、汽缶室に浸水し、大火災を起こしていた。日本人の経験では、もはや沈没のほかはなかった。

「敵空母レキシントン撃沈確実！」の無電がはいったとき、わが空母「翔鶴」は惨澹たる姿で、スコールの中を、のたうちまわっていたが、全員飛び上がって喜んだ。敵空母をしとめれば、もはや全機撃墜と同じだった。しかし、他の一艦は？　これが生きていては、レキシントンの飛行機を収容するのは目に見えていた。それでは戦果は半減するし、いつまた敵機が襲いかかってくるやら知れないのだ。が、その懸念も吹き飛んだ。

「敵空母ヨークタウン撃沈確実！」との無電もはいってきた。

「敵機は発着不能だッ。全機撃墜！」「全機撃墜！」

日本艦隊の各艦はわきかえり、元気百倍した「翔鶴」艦上の将兵は、必死で防火作業にあたり、火傷をする者を何人か出した末、やっと消火に成功、応急修理にかかった。ようやく命びろいした「翔鶴」は、基地で修理し、ふたたび戦場へ出ることはできたが、いったい何十日かかったのか。〝撃沈確実〟と報告された米空母ヨークタウンは、一ヵ月後のミッドウエー海戦にはもう姿をあらわしているのである。これはハワイに帰航し、急遽修理を完了したもので、その所要時間はわずかに四十八時間。たった二日間であった。

「瑞鶴」は、「翔鶴」の飛行機をも収容。米軍でもヨークタウンが、レキシントンの飛行機を収容した。陽はまだ高かった……。

双方の損害は、米軍三十三機、日本軍四十三機だった。この差は、パイロットの技術が同等であったら、もう少し大きくなっていたかも知れない。これには、母艦の直衛力という問題のほかに、機動部隊上空を離れない直衛機の教が、重要な因子になっている。米軍は八十四機を発進させたが、日本軍を攻撃したのは約六十機で、約二十機は母艦上空にとどまっていた。日本軍は、発艦した六十九機を全部、攻撃に向かわせている。それで、攻撃機の数も大体、伯仲していたわけである。もちろん双方とも、攻撃隊の出発した直後には、直衛戦闘機を飛びたたせはしたが、こういう、防御に対する配慮の根本的な相違が、あらゆる面に出てくるのだった。

かくてサンゴ海海戦は終わった。大本営では「米空母サラトガ型（レキシントン）一隻、ヨークタウン型一隻撃沈。戦艦カリフォルニア型一隻轟沈、英戦艦ワースパイト型一隻、英甲巡キャンベラ型一隻大破、巡洋艦（艦型不詳）一隻大損害、駆逐艦一隻撃沈。その他」（昭和十七年五月九日発表）という、ハワイ攻撃につぐ大戦果を発表し、国民を狂喜させた。しかも大本営は、わが方損害として「小型航空母艦（給油船を改良せるもの）一隻沈没」と発表しているにすぎない。当時、筆者はシンガポールで、サンゴ海海戦の捷報を聞き、地図を開いてツラギという地名を捜したが、なかった。もちろんガダルカナルという運命の島さえ、当時は誰一人、知らなかったのだ。

日本側の戦果誇大発表は、これからウソの上にウソを積み重ね、ついに収拾のつかないことになってくる。一方アメリカは、航空戦における戦果の確認がいかに困難であるかをはじめて知り、正確を期するあらゆる手段を併用、前回発表などは躊躇せず訂正して、国民に真相を知らせようと努力しはじめている。何たる相違だろう。

この一戦は、戦術的には日本の勝ち、戦略的にはアメリカの勝ち、と評する向きもある。

しかし、どこが戦術的に日本側の勝ちなのか、それが全然わからない。ほぼ同数の戦力で決戦をやり、ほぼ同数の損害を出し、結局はMO作戦を放棄して引き揚げた日本軍の、どこが〝戦術的勝利〟なのか。ニミッツ提督の目的は「いかなる犠牲を払っても、ポートモレスビーだけは確保しておく」ことだった。日本側では、それが作戦の目的だったのに、モレスビー攻略部隊は、いったんラバウルに帰し「あとでゆっくりやろう」ということにしている。このとき強行すれば、あるいはまだ可能性はあったのに、どういう見通しで「あとで、ゆっくり」やれると考えたのか、それも不可解きわまりない。

アメリカは要するに、この大損害をこうむった激戦の目的だけは、はたしたのだ。これまでの戦場に、こういうことが、どこにあったか。日本は連戦連勝、一作戦を発起するごとに、その作戦目的だけは充分達成していたのではないか。それが、このサンゴ海海戦では、肝心のモレスビー攻略を中止した（これは、ついに達成できず、モレスビーは、マッカーサー攻勢のスタート点となる）のである。日本は目的をはたさず、アメリカは目的をはたした。これでも日本の戦術的勝利になるのだろうか。MOの作戦目的は、空母ヨークタウンとレキシントンを大破させることだったのか。いつの間にか目的をすりかえている。

このときまだアメリカには、チャーチルのいうような「日本海軍よりはるかに優勢な太平洋艦隊」などは、なかった。内地へ帰投途上にあった南雲艦隊が、このときサンゴ海へ出動しておれば、フレッチャー少将はニミッツ司令官に急を告げ、ニミッツはたぶん、手持ちのタスク・フォースを全部送りこんできただろうが、それは制式空母のエンタープライズ、ホーネットの二隻しかない。明らかに力の均衡は日本側に有利だった。

　こういう数学的に劣勢なままで、あえてニミッツ提督が〝静〟を破って〝動〟の行動に出た理由は、前述のとおり「東京への道のスタート点」を死守するためだったが、実はこのときアメリカ側には、連勝無敵の日本海軍の前に、おもむろに、その姿を現わしてもよい背景が、少なくも二つはあった。

　一つは、改装空母その他の大量就航が、すでに目前に見えていたことだ。たとえ四空母を一度に失っても、もはや後顧の憂いはないという、日本海軍の夢想さえしない現実が、太平洋のかなたで実現しつつあったのだ。

　もう一つは、日本海軍の暗号が完全に解読されており、南雲艦隊はサンゴ海へ空母二隻を分遣するだけで、主力は内地へ引き揚げていることまでわかっていたことである。ニミッツの『太平洋海戦史』に「アメリカは、日本の暗号電報を解読できたので、日本の計画に関する情報は、きわめて完全であった」と書かれている。これでは戦争にならない。

　どういうふうに〝完全〟だったかというと「私（筆者註＝ニミッツ）が得た情報は、日本の目的、日本部隊の概略の編成、近接の方向、及び攻撃実施の概略の期日に関するものであった」のだ。それ以上知るべきことが、ほかにあるのだろうか。まるでお話になりはしない。しかしとにかく、アメリカとしては、できるものなら、南雲機動部隊を消してしまいたかった。それが、たぶん〝できる〟のだった。

ミッドウェー作戦発動

航程五万カイリ。千島の単冠湾を出てから約五ヵ月、南雲機動部隊の将兵が、疲れはてて内地に帰ってきたのは昭和十七年四月二十二日であった。久しぶりに見る内地の島々は新緑につつまれ、ものうい風が島々の間を渡っていた。もう二週間早ければ、桜も残っていたであろうし、東京空襲などもなく、彼らも少しはのびのびと休息できたのに……。

その四日前、ドゥリットル空襲があったばかりに、山本五十六長官は、以前からの計画を実行に移すとんでもないことを思いついていた。ミッドウェー島の攻略だった。ミッドウェー攻略には、さすがの大本営も、もちろん海軍部内でも、猛烈に反対があった。しかし、山本のゴリ押しに押しきられた。このころ、相つぐ海軍の捷報（サンゴ海海戦はまだ行なわれていない）に、連合艦隊司令長官の発言力は絶大なものであったという。

疲れはてて帰って来た南雲艦隊の将兵を待っていたものは、ミッドウェー島攻略という、全戦局には脈絡のない、突発的新作戦であった。これには、南雲部隊のほとんど全員が大反対だった。特に第二航戦司令官・山口多聞少将が筆頭であったという。その根拠は、しかし作戦の本質に関することではなく、海軍部内のセクト主義からの反感（つまり感情）が土台になっていた。戦力の中心になる機動部隊に一言の相談もなく、大作戦を決定するとはけしからん、という次第だ。これでは救いがない。実は、当時開戦以来の重要な件だけについて論功行賞があり、当初の約束を破って、ハワイ方面の戦死者に対して二階級特進させることを、中央当局がしぶったため、機動部隊幹部は非常にむくれていたという。

そのバカくさい問題を詳述する気にはなれないが、これは草鹿参謀長と、軍令部の福留第一部長との口約束だけだったもので、肝心の人事を管掌する海軍省では、何も知らなかったのである。こういう、軍人たちの尊重した用語（内容は決して尊重されなかった）でいう〝諾然《だくぜん》〟という豪傑気取りの行動が、どれほど軍部内に悪作用したかしれない。しかし、不平不満の感情だけでは、反対意見を開陳できないので、いくつかの項目を持ち出して反対している。そのなかに「本作戦は失敗する」という見通しは、ひとかけらもなかった。これでは、山本長官の決心をひるがえせるはずがない。みんな、成功するものと信じていたのだ。恐るべき大自信ではある。

ただし、非常に有用な所見が一つあった。それは、開戦前からの猛訓練と、実戦の経験によって、あるピークに達しているパイロットたちを教官として、後進パイロットの養成を急行するべきだ、という意見だった。これは、ごく一部実行されただけでほとんど実行されなかった。そのため戦争後期――といっても、三年八ヵ月余の戦争中、まる三年以上なのだが――には、信頼できるパイロットがほとんどおらず、なけなしの飛行機を他愛なく失ってしまうケースが、非常に多かったのである。

また、このとき源田・淵田グループは、重ねて持論を強硬に主張し、海軍の体質を改造することを熱望している。瀬戸内海の柱島泊地に、釘付け状態で〝遊んでいる〟第一戦隊の「大和」「長門」「陸奥」、第二戦隊の「伊勢」「日向」「扶桑」「山城」などの第一級艦は、まったく戦争に何一つプラスしておらず、これでは、ハワイで沈没したアメリカ艦とまったく同様だ。せっかく〝力の均衡〟を有利にしても、何ら役立てていないではないか。このさい空母中心の海戦術に頭を切りかえ、これら戦艦を空母の護衛艦として活用し、強力機動部隊を何組も作り出し、どこへでも大胆に出撃しようではないか——という意見だった。「現在の実情では、空母中心の大輪型陣であれば、世界中どこへ行っても恐れるものはない」というのだ。

これも、戦艦中心の戦術思想から脱却しきれない海軍上層部によって採用されず、やがて米軍タスク・フォースの大胆きわまる出撃をくらうようになる。なお、空母の通信設備を強化すること、対空防御力を増大することなど、実戦で苦労したことを数々持ち出したが、ほとんど全部、没になった。

四月二十八、二十九日、旗艦「大和」で開かれた第一段作戦の研究会で、源田参謀は「秦の始皇帝は阿呆宮を作り、現代日本の海軍は『大和』『武蔵』を作って笑いを後世に残す」との、痛烈な言葉を叫んでいる。それでも、こたえなかったのだ……。

東京空襲があったので、内地の安泰をはかるため、山本大将はミッドウェー攻略を決意したというのも、一部真実だとは思うが、それほど〝思いつき〟でポカをやる山本でもなかった。この作戦については、すでに四月はじめから検討されていたのである。四月はじめ、大本営では〝F・S作戦〟というのを計画し、発表しようとしていた。その矢さきに、海軍側の提出したのが、このミッドウェー攻略作戦であった。参謀本部（陸軍）と軍令部（海軍）が検討した結果、ハワイ攻略に発展しないことを条件として、ようやく認められた。

〝F・S作戦〟というのは、フィジー及びサモア諸島の攻略で、これこそ米豪交通路の大遮断であるから、断然決行してみるべきであったのに、この肝心な方は後まわしにして、ミッドウェー攻略の方を先に実行したのだ。

機動部隊の雷撃隊長・村田少佐が、ミッドウェーに向かう「赤城」艦上で、報道班員の牧島貞一から「米軍は敗戦続きで、空母はもう二隻しか残っていない筈なのに、なぜこんなに多くの軍艦をもっていくのか」と問われたとき、「これは大名行列よ！」と、不満たっぷりの様子で答えている。

「『大和』以下の戦艦隊は、三百カイリも後ろからついてくるんだぜ。あんな役にも立たねえ大砲を持った奴が、空母の後ろからついてきて、何ができるかよォ……それによォ、『大和』の参謀の一人で、俺たちにも獲物を少し残しておいてくれ、といった奴がある。あいつらァ、戦争見物にくるつもりらしい」

そういう不満が、機動部隊にはあった。「大和」以下は一向、前線へ出ようとせず、功名だけは一人前に得ようとしている。つまり「戦艦『大和』の初出撃でミッドウェー島を占領した」というニュースを作りたいのではないか、というのだ。

本作戦は、陸軍の一木支隊三千人、海軍の陸戦隊二千八百人を、ミッドウェー島に上陸させ、占領させるのが究極の目的であった。戦闘序列の発令は五月五日、サンゴ海海戦の前ぶれとなったツラギ大空襲の翌日であった。

陸軍部隊のことはほとんど省略してきたが、この一木部隊については、海軍と縁の深い部隊なので、少し書いておく。昭和十二年七月七日の夜、タナバタの星々も見えず、どんよりと雲のたれこめた広野で一個中隊の歩兵が夜間演習をしていた。と、銃声一発！　これはまったくわけのわからない発砲だったが、当面の清水節郎中隊長は応射を命じ、ただちに大隊長に報告した。

場所は、北京の彰義門外、南西。通称マルコポーロ橋といわれる盧溝橋――これが日本を大東亜戦争に追いやり、ついには敗亡にいたらしめた日支事変の、発端となったシーンである。豊台に駐屯していた大隊長は、ただちに部下を非常呼集し、連隊長に、対応について伺いを立てた。このとき第一連隊長・牟田口廉也大佐は、北京の特務機関長で同期の松井太久郎大佐と、大使館武官補・今井武夫少佐の三人で、外国大使館の集団地、交民巷にあった日本大使館の武官室で、冷めたいものを飲みながら雑談していたが、強気だけがとりえの男だから「ええい。やってしまえッ」というようなことだったらしい。

この牟田口、松井の両大佐は、のち中将となり、それぞれ第十八、第五の師団長となり、ともに開戦劈頭の陸軍の主作戦、マレー攻略戦に参加している。さらに牟田口はビルマに転戦、やがて第十五軍司令官となり、日本の陸戦史上未曾有の大失態となった「インパール作戦」を、ほとんどゴリ押しで南方総軍、大本営を説得して強行。ついにビルマ全軍三十余万人の将兵を混戦乱闘におとしいれ、生還者わずか七万（十万ともいわれる）という一大悲劇を演出するのである。

この盧溝橋事件の、清水中隊長と牟田口連隊長の中間にあった大隊長（事件の実質的演出者）が、この一木清直少佐であった。それから五年の戦時ブームで、佐官級の進級はトントン拍子。一木は今はパリパリの大佐として、北海道旭川の歩兵連隊長をしていた。で、この一木支隊というのは、歩兵一個大隊を基幹として、旭川師団から選抜された精兵ばかりで、総兵力約三千人。ミッドウェー島を一挙に占領して、日本の太平洋戦略を一躍進させようと、一同張り切っていた。

山本長官をはじめ、日本海軍の誰もが、このMI作戦と呼ばれたミッドウェー攻略を、どんなに安易に考えていたかは、一木支隊が宇品港で輸送船に乗りこんだ五月十八日、例のフィジー、サモア攻略の「F・S作戦」が発令されていることでもわかる。まず〝大名行列〟でミッドウェー島を一蹴して、かえす刀で「F・S」を、という軽い気持なのだ。

作戦計画の大体を説明すると、まず第五艦隊（細萱戊子郎中将）が六月四日、アリューシャン列島の西部要所を破壊し、アッツ、キスカの両島へ占領部隊を揚げる。これは北方からの米海軍の南下をくいとめると同時に、この方面へ米軍の目を引きつけておくための牽制作戦だ。主作戦の方は、六月五日を期して、南雲機動部隊がミッドウェー島を空襲し、同島の航空、海上、陸上の戦力を徹底的に破壊し、一挙に上陸部隊を揚げる。もし米軍の有力艦隊がハワイ方面から出撃してくれれば、機動部隊および山本長官直率の連合艦隊が、これを叩く。このため連合艦隊は、同島の南から南西にかけて待機する。潜水艦は太平洋一帯に散開し、南方部隊（ミッドウェー攻略部隊）と北方部隊（アリューシャン攻略部隊）の双方に協力する。

このような大風呂敷だが、機動部隊の後方三百カイリなどにいて、戦艦「大和」は何をしようというのか……航空決戦はわずか二、三十分ですべてが決するというのに。

根拠なき自信

五月五日、ＭＩ作戦が発動されると、連合艦隊は急に忙しくなってきた。ところが、その途端にサンゴ海海戦があり、ＭＯ作戦の目的であったポートモレスビー占領は、おじゃんになっていた。ここで山本長官にはとるべき道が二つあった。一つは、何はともあれＭＯの目的だけは達成すること。他は、ＭＯは後まわしにして、ゆっくりやることとし、現在やりかけたＭＩの方をすませること……むろん、山本は後者をとったのだが。

つまりサンゴ海海戦の結果は、ほとんど何ら斟酌されなかったのだ。新しくツラギをとっただけこっちが勝った、ぐらいの考えだったのに違いない。ツラギなどは枝葉末節で、目的はモレスビーだったのに、いつの間にか目的がボヤけてしまい、単なる結果、現象に満足していた。しかも自信満々、ＭＩ作戦はプランどおりに進行する、と信じているのだから始末が悪い。すでにＭＯの目的が蹉跌しているのに、それはなぜかという反省もせず、今度のはスムーズにいく、と考える根拠はいったい何だったのだろう。もともと彼らは、作戦に対して何ら科学的な根拠を置こうとせず、例の自己本位な希望的敵情判断だけで、ことにあたっていた。その自信を構築した基礎材料は、せいぜい〝大和魂〟などという、非科学的な精神至上主義にすぎなかった。

まず、ここでアメリカ側の情勢をどのように判断していたかというと、敵機動部隊の大部

(少なくとも一部)は、南太平洋にいる。万一、全艦集結しても、エンタープライズ、ホーネットの二隻で、ワスプは不明だが、おそらく太平洋にはいない、と考えている。その他の艦船については、どれがタバになってかかってきても、戦艦「大和」以下の艨艟《もうどう》が出撃する以上、鎧袖一触できる、というのだった。まさにその通り、「アメリカ艦隊は、戦力ではとても日本軍にかなわないが」と、チャーチルがこの時点で認めている。しかし「ニミッツは、ミッドウェー島を基地とする強力な空軍に頼ることができた」のだ。当時の海軍首脳部は飛行機を失念して、この重大なプランを立て、自信満々としていた。だが、近代戦のもっとも決定的な戦力が飛行機であることは、すでに証明ずみだった。いくら証明して見せても、先入観のとりこになっている海軍首脳部には、しょせん受容されないでいたのだ。

一方、ニミッツ提督の方は、相当の準備を進めていた。五月五日に大本営がMIを発令すると、二週間とたたない同月十七日には、早くもニミッツ司令部には、その作戦の大略がわかっていたのである。愕然としたニミッツは、しかし「待てよ」と考えた。日本軍の作戦計画は、アリューシャン方面に牽制作戦を行ない、米海軍の注意を北方にひいて、ミッドウェー島を攻略するというが、はたしてそうだろうか。アリューシャン攻撃を手はじめに、米本土への進撃を企図しているのではないか――と。

ただちに諜報網は〈MI〉探知に総動員され、南部太平洋を行動中のハルゼー機動部隊を召還した。このときニミッツには、空母が三隻しかなかった。サンゴ海海戦において（五月八日）、突然レキシントンが大爆発を起こしたので、人命救助のため駆逐艦に爆沈を命じたのが、今や非常に惜しまれた。ワスプは地中海へ「マルタ島救援」に出かけていた。サラトガは修理、改装を終わっているはずだったが、まだ合流しておらず、MIには間に合いそうもなかった。ぜがひでもヨークタウンを修理して、MIに間に合わせる必要がある。

五月二十六日、ようやくハルゼー部隊がハワイに帰着した。これで、まずエンタープライズとホーネットが、使用できることになった。翌二十七日、傷ついたヨークタウンが帰り着いた。技師は一目見て「これは三ヵ月かかる」といった。ニミッツはただちょっと、首を横にかしげただけだった。こうして昼夜兼行の突貫作業がはじまり、前述したように、四十八時間後には、なんとヨークタウンはエンジンを始動していたのだ。

第一六機動部隊の指揮官ハルゼーは病気中だったので、スプルーアンス少将がかわって指揮官となり、重巡五、駆逐艦九にまもられ、二十九日に真珠湾を出港した。フレッチャー少将は、ミッドウェー作戦の指揮官としてハワイに残し、修復したヨークタウンは三十一日出港、六月三日、ミッドウェー島の北東海上で、スプルーアンス提督の指揮下にはいった。これで三隻となり、今度こそ南雲艦隊を一挙に撃滅してやろうと、待ちかまえていた。またアリューシャン方面へは、セオボルト少将の指揮する巡洋艦五、駆逐艦十四、潜水艦六を急行させた。

ミッドウェー島はハワイの西方千六百キロにあり、滑走路を持つイースタン島と、サンド島を主島とするサンゴ礁島である。これを守るためにシャノン海兵中佐以下の海兵隊を増強し、モリソン著『太平洋戦争米海軍作戦史』によると「二十ミリ砲より、海軍の旧式七インチ砲にいたる、あらゆる種類の砲を含んだ沿岸要塞砲、対上陸舟艇砲、対空砲」などが、海岸を完全に埋ずめつくしていた。鉄条網、機雷、水中障害物などが続々と送りこまれ、守備隊の将兵は意気軒昂「敵をリーフ上で殲滅する」と豪語していた。

「ミッドウェーの飛行場は爆撃機で埋まった」（チャーチル）という、その実態は、哨戒用索敵機PBY三十、B17爆撃機十七、防御用戦闘機二十六、攻撃用索敵爆撃機三十四、攻撃用雷撃機十、計百十七機で、これは飛行場の規模に比べて、三倍にも相当する機数だった。

また潜水艦が六隻、特別に、日本軍の近接路方向に、つぎの通り配置されていた。同島西方七百カイリ（日本艦隊集合予想点）に一隻。同西方二百カイリに三隻。同北西五十カイリに二隻。別に六隻は、同島の北から南西、約百五十カイリの間に分散しており、七隻は、機動部隊とオアフ島の援護にあたっていた。これほどアメリカ側には確実に作戦の全貌を知られていたのだ。

これに対して日本では、「呉軍港の理髪店や、海軍官舎の夫人たちまでが『今度も、また祝杯ネ』と語り合うほど、作戦の内容は一般に知れわたっていた」と、松島慶三は『悲劇の南雲中将』に書いている。また「日本攻略部隊来襲の噂は、五月中旬には、ホノルルの市街でも、もちきりであった」と。

なぜホノルル市街で、そういう噂があったかといえば、米海軍が日本側のMIの全貌をキャッチしたとき、その主作戦地の符号が〝A・F〟になっており、いったい〝A・F〟は、ハワイかミッドウェーかで、首脳部に対立があったからである。ニミッツは、ミッドウェーと判断したが、キング提督はハワイ説を主張した。そこでハワイ市民の噂となったのである。

この〝A・F〟の謎を解いたのは、ハワイの特務機関・極秘情報部の暗号通信解読班のジョセフ・ロシュフォート中佐であった。中佐はミッドウェー島に向かって「今後、蒸溜施設の故障は、平文で通信せよ」と指令した。ミッドウェー島からはさかんに、蒸溜施設の故障に関する平文電信が発信された。この島は水の不足な島で、蒸溜器に関する電報は、かなり多かったのである。これを傍受した日本の通信隊が、平文で打たれた電報だから、こちらも平文で通報すればよいのに、わざわざ暗号に組んで攻撃部隊に知らせた。

「A・Fは目下、飲料水に悩んでいる」

ロシュフォートが手を打って、にやッと笑った表情がしのばれる。かくて〝A・F〟は、いよいよミッドウェー島と決まったわけである。

「さあ来い！」と待ち受けているニミッツと、自信満々、世界最強の巨艦「大和」に座乗して、機動部隊の三百カイリ後方を悠々と進む山本五十六と、この勝負は、はたしてどちらに勝ち目があるのか……。

巨艦「大和」の主砲は四十キロの射程をもつ。速力二十七ノット。これでは、機動部隊の決戦がはじまった瞬間の「大和」の弾着は約五百六十キロ足りない。決戦が三十分かかるとして、「大和」は超全速で約三十キロ進む。しかし、巨弾はまだ五百三十キロ届かない。「大和」が機動部隊の位置へ到着するのは、艦体がメリメリいうほど突進しても十時間はかかる。そのとき戦場付近には何が見られよう。スコールでも降っておればともかく、ただ一望のギラつく海面か、さもなくば浮遊物にすがりついて助けを求める、哀れな将兵ぐらいなものではないのか。

昭和十七年五月二十七日、海軍記念日。南雲中将の指揮する大機動部隊（「赤城」「加賀」「蒼龍」「飛龍」——第五航戦はサンゴ海海戦の損傷で参加不能）は、柱島泊地を後にした。戦艦「榛名」「霧島」、重巡「利根」「筑摩」、それに軽巡「長良」が駆逐艦十二隻を率いてしたがう。翌二十八日、第二艦隊（戦艦二、重巡四、駆逐艦二十）は、サイパン島に前進していた上陸部隊、一木支隊三千人と海軍特別陸戦隊（門前鼎大佐指揮）二千八百人を乗せた十六隻の船団を護衛して出発する。

北方攻撃部隊は、角田覚治少将の指揮する空母二（龍驤、隼鷹）、重巡三（那智、高雄、摩耶）、駆逐艦三（曙、潮、漣）、タンカー一の編成で、同じく地上部隊を乗せた船団を中に、青森県の大湊を二十六日に出港していた。山本長官は「大和」に司令官旗を掲げ、戦艦七隻（大和、長門、陸奥、伊勢、日向、扶桑、山城）、軽巡三隻（北上、大井、川内）、駆逐艦二十一隻、空母一（鳳翔）、特殊潜航艇母艦二、計三十四隻を直率し、二日後の二十九日、柱島泊地を出発する。出動艦船百三十余隻という、ハワイ奇襲時の四倍を越える大規模な作戦であった。

六月二日午前中、敵潜水艦が輸送船団に接触し、わが飛行機が爆撃したが、戦果不明。

六月四日午前六時すぎ、早くも輸送船団を中にする第二艦隊は、敵のカタリナ飛行艇に発見・接触された。午後二時すぎ、ミッドウェー島から九機の攻撃隊が襲いかかり、戦闘が開始された。が、フレッチャー少将は、機動部隊が北西から来るのを予知していたので、他の攻撃隊は出さなかった。

この日、日没前、機動部隊も敵機の接触を受け、戦闘機が追跡したが捉えることはできなかった。

こうして、刻々と、各方面で敵に発見されていたのに、無線を封止していたため、互いに連絡をとり合うことができず（本質的には、敵はわが作戦の全貌を知らないのだから――という観念に、わざわいされていた）、このときでもまだ、敵空母などは近海にいないものと信じていたらしい。

南雲機動部隊が敵機の接触を受けたことについては、その無線を使ったからだ――といわれている。無線を使ったというのは、その朝、霧が深く、第二航戦（蒼龍、飛龍）がまったく見えなくなったためで、さんざん議論の末ではあったが、南雲長官が発信させたものである。このとき米機動部隊は、ミッドウェー北方三百キロに集結し、南雲部隊の側方から襲いかかる態勢をとりつつあった。これは哨戒機の発見によって、いよいよ南雲部隊の進入地点が確認されたからである。この態勢は明五日未明までに完了し、まったく南雲以下の意表をついた地点に進出していた。

いったい、自信を持つのも悪くはないが、敵艦の動きなどに目もくれなかったのかというと、それほどでもなかった。五月三十一日の深夜を期し、太平洋一帯の米艦の動きを偵察するよう、マーシャル群島のウォッジュ基地に駐屯していた鎌田大佐指揮の二式飛行艇に、命令はしたのである。そこで、ハワイとミッドウェーの中間にあるフレンチ・フリゲート礁という無人島へ、潜水艦を先行させ、その給油を受けた上で、二式飛行艇を飛ばせようという計画を立てた。潜水艦が行ってみると、アメリカの艦艇二隻、飛行艇二機がいたので、計画は中止。そのまま、結局、何もしなかったのである。

かくて運命の六月五日は、刻々と明けそめる。

連続する錯誤

六月五日。ミッドウェー付近の日の出は午前二時（現地時間六月四日午前五時）。その三十分前、南雲機動部隊の攻撃第一波は、ミッドウェー島さして発進した。指揮官は「飛龍」の飛行隊長・友永丈市大尉。水平爆撃機三十六、急降下爆撃機三十六、制空戦闘機三十六、計百八機であった。

雲一つない暁闇の空には、まだ星が一面に輝いていた。位置は、ミッドウェー島の北西約二百四十カイリ。すべて予定どおりだった。

このとき、飛行総隊長の淵田中佐は、盲腸炎のため、動きがとれなかった。勇猛で知られた雷撃隊長の村田少佐は「海軍きっての名パイロットが出られないとなると、士気に影響するがなァ」といっていた。

航空参謀・源田中佐も風邪で発熱し、ようやく艦橋に立ってはいたが、発艦機を見送る目は、どこか暗かったという。

また、サンゴ海海戦をやった第五航戦のメンバーが、一人もこの作戦に参加していなかったという一事は、いま考えてみると、海戦の帰趨《きすう》に大きな影響を与えた。前線からの報告は、たぶんわが方の欠点やミスをなるべく隠し、例によって戦果を誇大にしていた。それをさらに〝われに有利に〟解釈するので、このとき南雲司令部ではまだ、サンゴ海の苦汁を真剣に味わってはいなかったものと思われる。ここで、せめて「瑞鶴」一隻でも、いや搭乗員の何人かでも参加していれば、敵機に接触を受けた瞬間、敵空母捜索のことに、ピンと神経が動いたに違いないのである。

空母対空母の死闘は、一分でも一秒でも早く、敵の所在地点をキャッチした方が勝ちである。その一瞬間的な極意を、まだ南雲司令部では痛感する機会がなかった。これまでの攻撃はみな、予定どおりの成功をおさめていた。その戦歴からくる心の油断が、たぶん介在していたのだろう。要するに、日本軍では、サンゴ海海戦の戦訓が何一つ生かされていなかったのである。

逆にアメリカ側は、サンゴ海の苦汁を真剣に味わい、その戦訓をフルに生かそうとしていた。ために、ミッドウェー方面の戦闘をフレッチャー少将に総括指揮させている。フレッチャーは、前日、ミッドウェー島西方で、日本の大艦隊が輸送船団を護衛して迫りつつあるのを発見しても、申し訳ほどな空襲を加えただけで、飛行機のほとんど全部を出動させなかった。これは、やがて来たるべき世界一の大機動部隊、南雲艦隊に総力攻撃を加えるためであった。

第一波の発進を待っていたかのように、南雲機動部隊は敵飛行艇に接触された。このときスプルーアンス少将の米機動部隊は、南雲機動部隊の東北東約二百カイリ——これが攻撃発起距離だ。

南雲艦隊では、第一波の発進直後、常套的に、捜索機を八方へ飛ばしてはいた。戦艦「榛名」から一機、第八戦隊の重巡「利根」と「筑摩」から各二機、以上五機の水偵のほか、「赤城」と「加賀」から各艦攻一機ずつを出している。この七機が、ミッドウェー島をはさんで北東から南方にかけ、扇形捜索線上に飛んだ。もちろんこの区域中に、スプルーアンス機動部隊はいたのだ。「榛名」機は行動距離が短く、百五十カイリしか進出できない。これでは、二百カイリの距離をへだてて戦う機動部隊の捜索機としては、扇形捜索をやったといってもほとんど意味をなさない。他の六機は三百カイリを飛ぶ。しかし、これも日本軍の通弊で、はなやかな攻撃機などには過敏なまでに力を入れるが、捜索・偵察というような地味な方面へは優秀な人材を配置せず、飛行機その他の諸施設にも力を入れず、兵力の配分も攻撃九、捜索一というほどのものだった。米軍が三対一ぐらいに捜索に力を入れていたのに比べると、その差はあまりにも歴然としている。

はたして、「筑摩」機は午前三時三十五分になって、その地点から引き返してきた。また、「利根」のカタパルトは故障しており、いちばん大事な索敵線をうけもった「利根」機の発進は三十分おくれてしまった。こういうことで、扇形捜索の実があがるのかどうか。「敵を知らず、おのれを知らず、百戦必ず破る」とは、孫子の古言だが、南雲艦隊、いや日本海軍は、まさに、これに該当していたのだ。

「利根」機が三十分おくれたことの重大性は、たちまちクローズアップされた。まさにその「利根」四号機の捜索線上に、米機動部隊はいたのである。友永大尉の指揮する第一波は、ほとんど発進と同時に、敵飛行艇に接触されていた。かまわずミッドウェー島に直進する。と、ミッドウェー島付近まで進出したとき、敵飛行艇は吊光弾を落とし、友永編隊の来襲を知らせた。念の入った筋運びだ。敵戦闘機四十数機が襲いかかってきた。ここまでは米軍のプラン通りだったが、ここで意外な波乱が起こった。というのは、基地機と艦載機の戦闘は、絶対に基地機の方が有利だ、との定説をくつがえし、菅波大尉指揮の零戦三十六機が、みるみるこの米軍戦闘機の大半を叩き落としたのだ。零戦は二機落ちた。制空権は完全に友永編隊にあり、飛行場その他の地上施設を、沈着につぎつぎと爆破していった。

これは米軍側にはまったくの番狂わせで、「大きな希望をかけたこの一戦も、意外な失望に終わった」（チャーチル）のである。この「大きな希望」というのは、戦闘機を退治して同島を空襲から守る一方、南雲機動部隊に対して、基地航空隊が大挙して攻撃をかける計画だった。このもくろみがフイになったため、同島の雷爆撃機は、戦闘機の護衛もなく南雲艦隊上空に進み、まるで効果の少ない攻撃を、各個バラバラにやるという不始末に終わっている。

菅波大尉隊の奮戦を、同島から飛びたった雷爆撃機は、上空のどこかで見ていたらしかった。もはや着陸は不能となり、護衛戦闘機もなく、彼らは心気動転して、編隊もろくに組まず、思い思いに、南雲艦隊の上空さして進んだものと思われる。

友永大尉は、ミッドウェー島の地上に飛行機が一機も見えず、滑走路の破壊も不充分な現状から判断して、「第二次攻撃の要あり。〇四〇〇（現地時間午前七時）」と、打電した。この電文はまったくわけのわからない電文であった。なぜ攻撃の必要があるのか、それが母艦ではサッパリわからない。第一波が苦戦中なのか、すでに残機が少ないのか、または敵が思いがけない増援を、どこかから送りこんでいるのか等々、現地の状況をつかむことができないのだ。それに本来、第二次攻撃を実施するかどうかは、司令部の決定することだ。一線部隊は、なるべく詳細に、具体的な敵情を通報すればよい。一瞬一瞬が激動している近代戦の場では、ちょっとしたミスが致命傷となることもあり得る。

実に——この報告が致命傷となったのである。右の無電を受けたとき、わが四空母の飛行甲板では対機動部隊出撃の準備を完了して、捜索機からの連絡を待っていた。江草隆繁少佐の急降下爆撃隊、村田重治少佐の雷撃隊、板谷茂少佐の制空戦闘機隊など、いずれもハワイ奇襲以来の超一流メンバーで、もし敵機動部隊を発見すれば、一撃必殺を期していた。

ここで「利根」のカタパルトの故障が惜しまれる。「利根」機が米機動部隊を発見したのは、四時二十八分であった。三十分早く飛びたっておれば、四時二分前に発見していたはずで、友永機の無電より二分早く、南雲司令部に入電していたのだ。事実は、「利根」機の打電は五時ごろ到着しているから、発見後三十分ほど連絡していない。せめて四時半に入電しておれば、まだミッドウェーの悲劇は逆転できたかも知れなかったのに……。

友永機からの無電に接した「赤城」の艦橋では、しばらく議論した上、雷撃隊の装着している魚雷を、陸上用爆弾にとりかえることにした。艦上は騒然となり、整備員たちは懸命に働いた。このころから敵機の来襲がはじまり（ミッドウェー島からのもの）、艦は急旋回をつづけ、対空火砲は猛射していたので、作業は狭い格納庫の中でやるほかなく、殺気だつばかりで、いっこう迅速には運ばなかった。

直衛零戦隊の技術は抜群で、容易に敵機を母艦上空へは侵入させず、みるみる四十数機を撃ち落とした。アメリカ人が現在でも、日本の飛行機を「ゼロ・ファイター」という代名詞で呼ぶのは、この一戦で、いかにゼロ戦の威力を見せつけられたかという証明である。しかし、機の性能も、もちろん当時一流ではあったが、操縦者の熟練こそ最大のものだった。このことに海軍首脳部が気づくのは、惜しいかな、これら百錬の勇士たちのほとんどが散ってからであった。

ようやく魚雷をはずして爆弾を装着し終わったのが、大体五時ごろであった。搭乗員たちはすでに乗り込み、発進号令を待っていた。このとき「利根」機からの無電を受信したのである。

「敵らしきもの十隻見ゆ。ミッドウェーより方位十度。二百四十マイル。針路百五十度。速力二十ノット――〇四二八」

草鹿参謀長はただちに、「艦種知らせ」と問い合わせた。

「巡洋艦五隻。駆逐艦五隻なり」

このときまだ、敵空母が近くにいることには気づいていない。艦隊攻撃なら雷撃の必要があるというので、ふたたび魚雷に取りかえることにした。各艦上は、敵機の攻撃下の騒然たるなかで、ふたたび汗みどろの突貫作業となった。これが二重のミスだ。陸用爆弾でも相当の効力はあるのだから、何はともあれ、全機を発艦させるのが先決問題だった。母艦は、飛行機を抱えているうちがもっとも弱いのだ。

このとき第二航戦の山口少将から「ただちに攻撃の要ありと認む」との意見具申が入電し、「赤城」の司令部でも「このまま出撃」を主張する者と、「雷撃でなければ決定的損害は与えられない」という者にわかれ、しばらく議論がつづいたのである。山口少将はハワイ攻撃のときも、第二次攻撃を意見具申しており、それをやらなかった南雲は、あとで永野軍令部総長から、不満らしい言葉を聞かされていた。航空戦については南雲よりはるかに知りつくしている山口の意見を虚心に採用しなかったとは……。もっとも南雲は、航空戦に関しては一切、草鹿参謀長に一任していたのだから、この決定は草鹿の責任でもある。

それにしても、このときまでスプルーアンス機動部隊の飛行機はいったい何をしていたのか。実はスプルーアンス少将は、南雲機動部隊のミッドウェー島攻撃第一波が帰り、着艦しはじめるのを待っていたのである。その空母の致命的弱点の時間を狙って、一挙に宿敵を撃滅しようと、戦闘機二十、雷撃機二十九、爆撃機六十八、計百十七機の大編隊を、すでにこのとき発進させていた。

陽はすでに高く、あたりには雲一つなかった。

三空母の最期

ついに来た。「利根」機から飛電――「敵は空母らしきもの一隻をともなう――〇五二〇」ときに「赤城」以下の母艦甲板上は、帰艦機の収容、直衛機の交替、雷装作業などで、ハチの巣をつついたようになっていた。敵機の来襲は次第にはげしくなり、もはや敵空母が近くにいることは予想されていた。

このとき米攻撃隊の方では、ホーネットから発進した攻撃隊が、南雲艦隊の方向変針を知らず、むなしく引き返すというミスをやっている。そのため、他の二艦を飛びたった雷撃機だけで、まず「赤城」「加賀」を集中攻撃することになった。

この攻撃隊は二つに分かれ、それぞれ単縦陣をつくって「赤城」と「加賀」に突入してきた。両隊合わせて四十一機。これを邀撃《ようげき》したわが零戦隊の活躍は敵味方を驚かせるもので、四機を帰しただけで、他は全機撃墜した。

猛射する対空火器、艦スレスレに飛ぶ敵機、それを追跡する零戦……艦の急旋回で、あたりは激浪が逆巻き、雷跡は消えがちだった。整備員たちは必死の作業をつづけている。

午前七時を、とうに過ぎていた。「発進準備おわり!」戦闘機、爆撃機、雷撃機と、準備を終わった攻撃隊の各機が、ズラリと「赤城」の甲板上に押し並んだ。

「発進!」

「赤城」は風上に向かい第一戦速となる、数分で、これらの各機は発艦を終了するのだ。このとき、さきの雷撃隊に全将兵の注意が集中している間に、エンタープライズとヨークタウンを発艦した急降下爆撃隊三十七機が、まさに爆撃点にさしかかっていた。あたり一面に水柱が乱立するまで、誰もこの敵爆撃隊に気づかなかった。いかに混乱状態だったかがわかろう。

と、「赤城」の左前方を走っていた「加賀」が、ぐうッと左旋回しはじめ、いっせいに対空射撃を開始。猛烈な火光が昇天しはじめた。と同時に、「加賀」は乱立する水煙につつまれていた。キラキラ輝くその壮大な人工瀑布のかなたで、パッと黄色い閃光がほとばしり、きのこ型の黒煙が突っ立った。幕の降りるように水煙が落下すると、艦体の半ばを黒煙につつまれた「加賀」が、ひどくのろのろ動いていた。

「『加賀』がやられたぞうッ……」と、あちこちで叫ぶ。

「赤城」も必死だ。全戦力を発揮して逃げのびながら、乱射乱撃、巨獣がたけり狂ったように猛進していた。一番機は艦の激動でスタートできず、わずかの隙を狙っている。整備員は一人も去らず、愛機につかまり、まだ何か気がかりそうに点検していた。

ついに隊長機は飛びたった。もはや全機、一刻の躊躇もできない。二番機も、激しく動揺する飛行甲板上をものともせず発進した。そのせつな、全艦けし飛んだかと思うほどの轟音と震動で、一瞬、甲板上は一掃されていた。飛行機発着指揮所の十数メートル後方、飛行甲板に大きな穴があき、エレベーターは裂けていた。ひん曲がった鉄板が、異様な抽象画のように、空間にそびえていた。発進中の二番機は数十メートル吹き飛び、何に引っかかったのか逆立ちしていた。整備員の姿は一つもない。同時に二発命中していた。後部甲板もめくれ上がり、あちこちに人体の各部分が散らばっていた。すべて一瞬の出来事――それで「赤城」の機能は死んだのである。およそ七時半であった。格納庫からも火の手が上がった。士官たちの殺気だった声に励まされて、水兵たちは正気にかえり、猛然と消火にあたった。

「蒼龍」も炎上しはじめていた。「加賀」はすでに火だるまとなって、ほとんど停止している。

おびただしい負傷者が、格納庫から続々と出てきた。

「格納庫の機が全部、燃え出したあッ」

「魚雷と爆弾が爆発しだしたぞ……」

みな何か口走っているが、もはや指揮系統は完全に崩壊していた。艦内のあちこちで誘爆がはじまった。

このときまだ対空戦闘員は任務についており、さかんに射撃しつづけているのが、ようやく人びとに感じられた。彼らは、まだ対空戦闘の命令から、解除されていないのだった。ついに煙が噴き上げ、火の手が全艦に拡がりはじめた。もはや火薬庫が引火するのは時間の問題だった。雷爆転換のあわただしい作業のため、その辺には爆弾や魚雷が投げ出されていた。しかも甲板上や格納庫にはガソリンを満載した飛行機が並んでいた。空母全体が火薬庫と同じ状態だったのである。それにしても、三万二千トンの「赤城」が、わずか二発の直撃弾で、爆沈のほかないとは……。

「蒼龍」に襲いかかったのは、ヨークタウンを飛びたった十七機で、「加賀」「赤城」「蒼龍」の被爆は、わずか数分間の出来事だった。一瞬にして、あたりの青い海は、三母艦の炎上火に赤々と照らされ、鬼気迫る光景を呈した。

「赤城」にはカッターが、ただ一隻残っていた。南雲長官は真っ先に移乗、参謀たちがみなつづいた。

「何だいッ、いつも威張ってやがるくせに、逃げるときは真ッ先かッ」と、水兵の一人がどなったが、誰も叱る者はなかった――と、牧島貞一報道班員は書いている。

そういう水兵もいただろうし、叱る者がいなかったのもわかるような気がする。今や一同の運命は眼前に迫っていたのだ。こんなとき裸の〝人間〟が露出するのは当然だった。この一水兵の不平は、久しい間、日本の陸海軍内部で、くすぶりつづけていたものにほかならない。軍隊における人命軽視は、ひどかった。人権などは夢でしか見られなかった。その反面、職業軍人の生命だけは、過当に尊重される傾向があり、その中に「いつも威張っている」階級があった。彼らは、軍の威信とか面目だけが大切で、真に国防の重責を自覚しているのではなかった。巨艦「赤城」の劇的な最期に、この一語のあったことは、何と象徴的だったことか。

しかし、そういう日ごろの鬱憤《うっぷん》はおし殺し、今や南溟の果てに死のうとする母艦に対して、無限の悲しみを味わい、この仇は必ずとってやるぞと、ただ単純に悲憤していた者も少なくなかった。「取り乱しては、帝国軍人の恥だ」とする、当時の名誉観を、最後の一瞬まで失わなかった者も多かったのだ。

南雲中将は軽巡洋艦「長良」に将旗を移した。この三本煙突の旧式艦は、口径十四センチの大砲が七門しかなく、対空火器としては、二十五ミリ機銃二門、七・七ミリ機銃若干があるだけだった。

「加賀」はさかんに爆発しており、全艦火炎につつまれていたが、「赤城」はまだ艦首に火の手がまわっておらず、カッターは急いで引き返した。「蒼龍」ははるかに遠く、これまた猛火に押しつつまれ、完全に停まっていた。

「飛龍」は――ただ一隻で敵の全機を引き受け、右に左に動いては猛射の虹を噴き出しており、その巻き起こす波が、四方に向かって無限にひろがっていた。ときに、一群の雲が低くたれこめ、わが機動部隊の最期を哀れんでいるかに見えた。

前日の夕暮れには「なに、敵空母がおるものか。ミッドウェーには敵なし！」などと意気軒昂、飛行士たちが案じるのもかまわず、僚艦と連絡するための無線を打たせた司令部の幕僚が、「長良」艦上では、「敵空母は大変な陣形をつくっているらしいぞ」などと話し合っていた（牧島貞一証言）という。

敵空母の陣形などは一切、まだわかってもいないのに、司令部参謀ともあろう者が、口から出まかせに「大変な陣形」とは、いったい何を考えていたのだろう。その幕僚たちの〝話〟というのを、牧島氏の記録から借用してみよう。

「何でも、空母一隻を中心に、巡洋艦と駆逐艦が、それを取り囲んで、小さな輪型陣を作っているらしいんだ。それがいくついるのかわからん。今までに二つ見つけているがネ」

と、これは報道班員たる牧島氏に対して、現在の〝戦況〟でも教えたつもりらしい。その肝心の部分に「らしい」がついているのに「今までに二つ見つけている」とは、いったいどういうことか。見つければ、陣形などはおよそわかっているはずで、何も「大変な陣形」などではなかったのである。


ミッドウェーの悲報は、いちはやく第八戦隊から、三百カイリ後方の連合艦隊へ打電された。

「敵艦上機および陸上機の攻撃を受け、『加賀』『赤城』『蒼龍』、大火災」

このとき、山本長官は回虫のために腹痛をおこし、痛みをこらえて艦橋に立っていた。副官は、昼食に乾杯するため、その準備をやっていたらしい。山本は、「すぐ四航戦に、主力と合同するよう発信。主力艦隊二十ノット！　ミッドウェーに突進」と命じた。

山本長官が、主力と合同を命じた第四航空戦隊というのは、大湊を出て、アリューシャン列島に向かっていた角田少将の指揮する機動部隊で、空母「龍驤」と「隼鷹」を擁していた。しかしこの日、ダッチ・ハーバー軍港を襲撃して、アッツ、キスカ両島への上陸部隊を支援していた第四航戦が、ミッドウェーの戦場に着くには二、三日はかかる。これでは火急の場に間に合うわけがない。

南雲中将以下が退艦すると、「赤城」艦長・青木泰二郎大佐は、乗員一同に退艦命令を出し、その退艦を見届けてから、再起を図るために艦を降りた。

「飛龍」の奮戦

山口多聞少将は歯ぎしりしていた。せっかく意見具申したのに、南雲長官は雷装に切り替える策をとった。あとわずか数分の時間さえあれば、各艦とも全機発進し、敵空母に向かって突撃していたのだ。

ほんの五分間だった。飛行機さえ発進させておれば、仇を討つこともできるが、一機や二機が飛びたったぐらいでは何もできない。ちらッと運転室を見ると、「飛龍」艦長・加来止男大佐がみずから艦を操縦している。炯々と光る両眼が、ときどきすばやくまたたく。上空を見やり、海面を見やり、監視哨からの乱発する報告を聞き分けては、ぐいぐい巨艦を左旋右転させる。

すでに三空母の姿は遠くて見えず、飛行隊の指揮を自然継承した少将は、つぎつぎに収容していた第一波各機に、再出撃準備を急行させていた。

「艦長ッ。攻撃隊を出すまで頼むぞ!」

「引き受けました! ゆっくりやって下さい」

加来大佐は不敵に、うっすら笑っていた。このとき「飛龍」は、数えられただけでも、魚雷二十六本、爆弾七十発を回避していた。

「準備完了!」ついに整備員が報告した。

「友永ッ。敵の三空母を沈めてこい！」

山口少将の命令に、第一波の指揮官・友永大尉は大きくうなずき、さっと敬礼して走った。甲板へ降りると、整備員が「大尉の乗機は、左のタンクがやられており、まだ整備されておりませんッ」という。すると一人の部下が「自分の機に乗って下さい」と進み出た。

「ばか。早く乗ってついてこい」と部下を押し返し、整備員に「右のタンク一つで充分だ」と言葉を残し、ただちに発進した。一方のタンクでは、片道分の燃料しかない。出撃はそのまま自殺行為である。

雷撃機十機、戦闘機六機という小さな編隊だった。しかし、みな必死の強者ばかりである。発進は午前九時四十五分。

友永大尉の目に、まずヨークタウンが映った。彼はもう他の目標を見ていなかった。一直線にヨークタウンさして飛び、そのまま突っこんでいった。凄絶な光景だった。ヨークタウンの防空火器は巨大な虹となって弾幕を張っていた。直衛戦闘機はつぎつぎに一番機に襲いかかった。しかし、このとき第一次攻撃を終え、米空母各艦はほっとしていた一瞬だった。この攻撃で約六十機を失っていたが、日本の三空母をたおした勝利の快感があった。アメリカがはじめてあげた凱歌であった。そういうところへ、まさかと思っていた「飛龍」機の攻撃が落ちかかったのだ。

友永機は明らかに自爆コースへ迫っていた。巨艦は狼狽したが、一瞬のことで、艦を旋回するひまもなかった。魚雷が機体を離れた。二つ、三つ、四つまで見えたとき、パッと友永機が火を発し、ヨークタウンの直前の海面へつっこんだ。はッと息をのむ一瞬、轟音があたりに響きわたり、ヨークタウンの舷側に巨大な水柱が噴き上げ、どっと黒煙が上空へ噴き上げた。

六機の戦闘機は、ヨークタウン上空を旋回し、群らがり寄る敵戦闘機をたたき落とし、一歩もひるまず雷撃コースの確保にあたっていた。友永機につづく九機も、必死の雷撃を敢行、一瞬の後には半数の五機に減っていた。敵空母の自衛力の大きさに、パイロットたちは唇をかんだ。このときすでに戦闘機も、半数の三機になっていた。

魚雷は、確認されたのが命中三発であった。もはや、ヨークタウンの運命は九十パーセントつきていた。魚雷を発射し終えた日本機は、敵の上空にとどまっている必要もないので、半減した編隊で帰途についた。戦闘機三機の果敢な行動に、米軍側は追撃をやめた。

これが、ミッドウェー海戦であげた日本軍の戦果の大半である。このときヨークタウンでは、一同、南雲艦隊を壊滅させた攻撃の光景を話し合っていた。「赤城」以下がやられたのは、第一波が帰投した直後であり、ヨークタウンがやられたのも同様な条件下であった。このヨークタウンは「総員退艦せよ」の命令が出て、二千二百七十名の乗組員が七隻の駆逐艦に移乗したあとも沈まず、ふらふらと一日半以上も洋上をさまよったのち、第三潜水戦隊のイ号第一六八潜水艦の酸素魚雷によって沈没した。

戦闘機三、雷撃機五に半減して、友永攻撃隊の残機が帰り着いたとき、「飛龍」には、雷撃機四、爆撃機五、戦闘機六の、十五機しか残っていなかった。

「これでは、直衛機の絶対必要な今、とても昼間攻撃はやれない」と、山口司令官は判断した。

「夜戦でやりましょう」

加来艦長がいった。

「それしかない。よし、夜間突撃だ！」

艦長は、夜戦のことを知らせ、しばらく休むことを命じた。

このとき機動部隊は、ボロ船の「長良」を先頭に、「榛名」「霧島」「利根」「筑摩」などが輪型陣を作り、「飛龍」を中心にして、二十四ノットの速力で北西さして進んでいた。午後二時ごろ、敵の第二次攻撃隊が襲いかかってきた。もはや狙われるのは「飛龍」だけだった。

「面舵《おもかじ》いっぱーい……」加来艦長の声がひびく。

二弾、三弾までかわしたが、四弾、六弾が甲板に命中した。日本の空母は、一発でも被弾すると、たちまち飛行甲板がめくれ上がり、飛行機の発着は不可能になる。おまけに間仕切りが不完全で、一弾が甲板下で爆発すると、まず助からなかった。前述したように、空母には火薬庫のほか格納庫があり、そこにはガソリンや魚雷・爆弾があった。飛行機のガソリンも、こういう場合、抜き取ってはいない。それらがたちまち引火するのだった。

ちょうど日沈どきで、「飛龍」の炎上火が赤々と海面に輝く。誘爆で、手のつけようがなく、凄絶な情景となった。

「司令官。総員退去を命じますッ」と、ついに艦長がいった。

「よし」

山口少将が、うなずく。

加来大佐は総員退去を命じ、飛行甲板の一角に一同を集めた。艦は大きく左傾しており、一同悲壮な表情であった。

「みんな、よくやってくれた。残念だが、総員退去を命じる。戦争のさきは長い。一同自重自愛、息の長い御奉公をしてくれ」

と、艦長は別辞を述べた。

山口司令官は空箱の上に立ち、

「何もいうことはない。全責任は自分にある。西方に向かって陛下の万歳を三唱しよう」

と、みずから音頭をとった。君が代のラッパは寥々と哀しかった。ただ一人残っていたラッパ兵の吹奏だった。軍艦旗は、その寂寥たる吹奏のなかで、なよなよとマストをつたい降りた。

「退艦！」

一同動き出した。しかし一部の者は、いつまでも動かなかった。司令官と艦長が争っていたからだ。

「いや。君が降りろ」

「ばかをいわないで下さいッ。本艦は自分が預かったものです！　司令官は全戦隊の指揮をなさる責任がありましょう。『蒼龍』の生存者も、今ここを退去する『飛龍』の生存者も、みな司令官の命令を待っています。さあ、早く降りて下さい！」

「何をバカな！　この大敗戦の責任はわしにある。いまいった通り、貴官以下には、何もいうことはないのだ。実によくやってくれた。全責任をはたした。ここで一人でも多く戦士を失うことは、日本帝国の大損失である。まして貴官のような百戦錬磨の指揮官は、ぜひとも今後の戦局に必要な人材ではないか。わしが残る以上、貴官は退艦しろ。命令だ！」

「その命令だけはきけませんッ」

「降りんかッ」

「司令官こそ降りて下さいッ。これは加来の軍艦ですッ」

二人ははげしく争いつつも、付近の部下を叱咤しては退艦させた。従卒だけになった。

「お前たちも、早く降りろ」

「は、はい……あのォ」

どちらかが退艦すれば、その従卒は、つき従おうとして、二人とも、もじもじする。

「これはいかん」と山口少将。

「艦長。仕方がない。二人で残ろう」

「は、しかし司令官……」

「もういうな。すぐ轟沈するぞ。おい。お前たち。長い間、お世話になったな。早く行け」

従卒二人も、ついに退艦した。

伊藤先任参謀をはじめ、鹿江副長その他、山口、加来両人の部下たちは、ともに残ることを願い出て一喝されていた。仕方なく一同退去したが、そのとき伊藤参謀が最期の言葉を求めると、山口少将は戦闘帽を脱いで渡した。「留守宅へ届けてくれ」という意味だ。

この有様を遠目に知った駆逐艦「風雲」に乗っていた駆逐隊司令・阿部俊雄大佐は、艦を炎上中の「飛龍」へ乗りつけ、至誠をつくして両人の移乗を願ったが、これもきき入れられなかったという。

乗組員は「風雲」「巻雲」の両駆逐艦に収容され、やや離れた位置で、一同帽子を振りつづけていた。少将と大佐が艦橋へ上がっていく姿が、火の色で、ありありと見えた。

いつしか、月が東の水平線を昇っていた。両人は、しばらく月を眺めているらしかったが、やがて、すっと室内に消えた。

阿部司令は司令官の命令により、「風雲」「夕雲」の二駆逐艦に「飛龍」の撃沈を命じた。魚雷は、こういうときだけ必中なのか、たちまち「飛龍」は一大轟音とともに巨体をふるわせた。

あたりは急に暗くなり、波紋が拡散したあとの海面には、おだやかな南海の波が、遠い月光にキラキラ輝いているだけであった。このときの「飛龍」の戦死者は四百十六名、うち二百八十九名が士官であった。

そのころ南雲長官は夜襲を企図していた。これは〝水雷屋〟の南雲忠一としては当然のことだ。彼は駆逐艦を集めていた。東方に向かって進みかけた、ともいわれている。

しかしこのとき、南雲には敵機動部隊の位置はわかっていたはずである。三十五ノットで突っ走ってみても六時間はかかる。敵は原速二十五ノット前後の機動部隊だ。じっとしているわけはない。こんな夜襲を本気で考えるほど、南雲は逆上していたのであろうか。このとき、救助に当たっていた駆逐艦を含めても、付近には五隻しかいなかったのである。

世界最強を誇った南雲機動部隊の、これが最期であった。この日、アメリカは戦勝への自信を固めたことだろう。

全員上陸禁止

その運命の日の正午すぎ、一木支隊などを乗せた船団と、その護衛艦隊は、東経と西経が一つになる百八十度線(日付変更線)に迫っていた。東経百七十五・八度、北緯十七・三度であった。ミッドウェー島は西経百七十七・二度。北緯二十八・一度にある。

いよいよ明六日の未明を期して、その日米中間にある小島へ、強襲上陸を決行するのだ。あと十数時間で予定泊地に到着する。各指揮官たちは、もう自分の到着すべき海岸の地形を暗記していた。

ミッドウェー島は二つのサンゴ礁から成る。やや丸ぼったくて大きいのがサンド島。東方の細長いのがイースタン島。サンド島の最長部は三・二キロ、イースタン島は一・六キロしかない。戦闘は約一時間で片づくはずだった。

さきほどまで、ものすごい黒けむりを吐きながら、最大速力の十ノットで、船団について走っていた石炭エンジンの山福丸は、とうとうついて走れなくなったのか、もう影も形もなかった。そういう時点で、連合艦隊から、つぎの指令無電は届いたのである。

「連合艦隊は、ミッドウェー島北方約百五十カイリの海上において、敵有力部隊と遭遇。これを撃滅しつつあり。占領隊船団は、これより一時退避の目的をもって、北西方に反転すべし」

これで、日本側のMI作戦は、事実上終わったのである。実態は、敵を〝撃滅しつつある〟どころではなかったが、一木支隊の将兵は、まだ〝一時退避〟だと思いこんでいた。「神通」以下、直接護衛の水雷戦隊は、「大和」以下の戦闘に参加するため急遽北上し、船団は三隻の駆逐艦だけに守られ、一路西をさして走った。必死で、敵の攻撃圏を脱出しようとしていたのだ。

日本側ではMIを終わったが、アメリカ側では終わっていなかった。スプルーアンス少将は二隻の空母を率い、西に向かって急進していたのだ。七日の正午ごろ、この米タスク・フォースは、日付変更線を西に越え、ミッドウェー島の西北あたりまで進出していたらしい。この機動部隊からの攻撃で、重巡「三隈」は撃沈され、「最上」も損傷を受けている。

一木支隊の船団は、サイパン出港以来十七日ぶりで、六月十三日の朝グアム島に帰り着いた。ここで日を過ごしているうちに、彼らの運命は大きく変わってしまう。約一ヵ月後、内地帰還と決まって乗船、グアムを出た。とたんに米軍のガダルカナル島上陸の飛報が入り、急遽反転南下することになる。支隊は八月十六日、運命の島ガダルカナルに上陸、そして五日後には、八百名もの戦死者を出した末に全滅という大惨劇を演じるのだ。

日米戦争の一大転機となったミッドウェー作戦は、かくて終わった。日本側は、精鋭空母四隻（赤城、加賀、蒼龍、飛龍）とともに、日本海軍航空隊の至宝ともいうべき、第一線の名パイロットを一挙に失った。この日以後、日本海軍には、もはや勝機はなかった。強力機動部隊を一挙に撃滅したアメリカは、待ちに待っていた大反攻を、空前の物量を投入して開始する。この時機から、つぎつぎに新しい米タスク・フォースが誕生し、驚くべき機動部隊群が、太平洋せましと走りまわりはじめるのだ。もちろんF・S（フィジー、サモア）作戦などは中止され、日本は急坂をころがり落ちるように敗戦への道をたどっていく。

ミッドウェー大敗の一週間後、「長良」は呉軍港に帰着した。上陸は一切禁止された。ミッドウェー作戦に関することには一切箝口令《かんこうれい》がしかれ、その作戦に参加したことすら口止めされた。ミッドウェーでは約三千人が死んだ。生存者も大体、約三千人であったという。その三千人は各艦に分乗させ、厳重に上陸を禁止した。

いったい、あの死闘に生き残った者に、何の罪があったろう。水兵たちの最大の楽しみは、上陸ではないか。それを禁圧して、つぎの戦闘に役立たせようとは、さながら重罪人扱い。草鹿参謀長は山本長官に罪をわびたが、その口で「せめて現職にとどめて、もう一度、雪辱戦をやらせて下さい」といっている。気持は、よくわかる。しかし〝雪辱戦〟の秘策はあったのか。二度、三度、同じことを繰り返す以外に、何があったろう。

山本は、南雲も草鹿も現職にとどめた。それは、山本自身「わしは自決したい！」といっていた、その心情からすれば、何も南雲機動部隊だけを、責められるものではなかった。

このとき草鹿は一つ、よいことをいっている。

「国民には真相を伝えるよう、統帥部への伝達をお願いします」

海軍の首脳部はこれをやらず、作戦参加者の上陸を禁止して、海軍の〝威信〟を保つことを第一としたため、当然「大本営海軍部発表」は、嘘ばかりになっていった。しまいには、そのまとまりがつかず、戦争末期はデッチ上げようもなくなり、早くけり（終戦）がつけばよいのに、という驚くべき状態であった。

この三千人の生存者たちは、十日目ごろから、ぼつぼつ転任となり、いつしか〝南雲部隊〟は蒸発していた。これらの生存者たちは、しかし内地へはほとんど置かれず、大部分は遠い南海の孤島勤務だったという。はたして、そんな姑息な手段で、海軍の〝威信〟が保持されると考えたのであろうか。

昭和十七年の十二月下旬、筆者らはガダルカナル島の救援に急行したが、すでに一木支隊の全滅直後で、そのまま仮装巡洋艦でニューギニアのウエワクに送られた。そのころ、筆者（歩兵中隊長）の部下で、ミッドウェーの失敗を知らない者はいなかった。われわれは、それからパラオを経て、セレベス、アンボン、西部ニューギニアと移動、さらにジャワ島経由でシンガポールに再入港したが、いたるところでそれはもう既定の事実になっていた。

こういう姑息なことで一億一心が成立する道理はない。草鹿少将の進言どおり、国民には真相を打ちあけた上で、必要な努力を求めた方が、はるかによかったのだ。

第五章　ガ島をめぐる消耗戦

第一次ソロモン海戦

主力空母を失った日本海軍は、もはや出撃などは思いもよらなかった。そこで今まで占領した拠点を空軍基地とし、現在の線で内圏防衛の態勢を確立しようとはかった。

それにしても、やりかけたMOを途中でやめた後味の悪さはどうだ。今さらのように、サンゴ海海戦の失敗が痛感された。しかし、これからポートモレスビー攻略に出かけるほどの自信もなかったので、ミッドウェー敗戦直後から、ソロモン群島およびニューギニア各地に急遽飛行場の建設をはじめるとともに、爾後の作戦の根本方針を確立しようとした。

七月十一日、さきに決定していたF・S作戦（フィジー、サモア攻略）を正式に放棄し、ポートモレスビーの奪取を陸軍に依頼した。もう面子とか威信どころではない。モレスビーが敵の手中にあるかぎり、ソロモン海の制空権は、半分が敵中にあるわけで、米豪間の遮断どころか、やがては敵がソロモン海のかなたから、島伝いに北上してくる可能性があった。

しかしこれは思考順序が逆で、なぜサンゴ海海戦という意外な激闘が持ち上がったかを、よく検討してみるべきだったのである。

海軍からMOの尻を持ちこまれた陸軍はというと、これがまた自己過信の雄だから、「海軍がやれないのなら陸軍がやってあげましょう」とばかり、あっさり引き受けた。そのころまでの陸軍は、世界戦史上に最大の大侵略を、いとも簡単にやってのけていた時期だ。海軍がミッドウェーの失敗をひた隠しにしているので、アメリカがどれほどの戦力を持っているかなどは、まったく知らなかった。

モレスビー攻略となると、まず地図が必要だ。その地図が陸軍にはなかった。そこで、せめて地図だけでも——というので、海軍の情報機関へ、ニューギニアの地図を至急調製するよう命じた。これは軍令部の第三部が管掌していたが、その第八課がイギリス・オーストラリアその他の英領を担当していたので、第八課へお鉢がまわった。が、地図らしいものはなかった。だいたい戦争をプランするのに、作戦範囲であるべき地域の地図が一枚もないとはどういうことだろう。こういう「行き当たりばったり」で、日本はあの大戦争をやっていたのだ……。

とにかく海軍が陸軍に渡した地図は、山も谷もない、ニューギニア島のアウトラインの中に、道が一本記入されているだけ、というしろものであった。オーエン・スタンレー山脈の峻険も、人跡未踏の大ジャングルも、何一つ記入されていなかった。その一本の道は、延々二百キロの大山岳地帯を横断しており、本当に、そんな道があるのかどうかは、誰も知らなかった。しかし道はポートモレスビーまでつづいていた。

この地図を支給されて「すみやかにポートモレスビーを攻略せよ」と命じられたのは、独立工兵第十五連隊で、これに、当時ニューギニアに駐留していた南海支隊の歩兵一個大隊が配属された。この独立工兵第十五連隊というのは、筆者（歩兵）らとともにマレー作戦を戦った、優秀な工兵部隊で、高槻で編成され、大阪付近の出身者が大多数だった。この工兵が、あの魔の大行進をやらされたのかと思うと、胸に迫るものがある。

南海支隊というのがまた大変な部隊で、はじめ（昭和十七年一月）海軍がソロモン群島、ニューギニアのラエなどへ、南雲機動部隊援護のもとに拠点占領を実行したとき、大本営直轄のまま流用された、歩兵三個大隊を基幹に編成された部隊で、以来この地区へ、広範囲に分駐していたのである。

このとき南海支隊は大本営直轄ではなく、第十七軍（長・百武晴吉中将）の隷下に属していた。すなわちモレスビー攻略の最終的責任者は、第十七軍司令官だったわけで、これが後日、第十七軍全軍壊滅の端緒となったものである。

この独工第十五連隊プラス歩兵一個大隊は、七月二十一日夜、ブナ付近に上陸させられた。同月二十八日、ココダにいたオーストラリア軍一個大隊を撃破、まず同地の飛行場を占領した。ここで傷病兵の手当て、その他、つぎの前進準備を進めていたとき、突如として米軍が大挙、ガダルカナル島へ上陸してきたのである。

ガダルカナル島は、今次大戦で一躍世界に名前を知られた島で、それまでは大抵の地図に、ガダルカナルという地名さえ記入されていなかった。

ソロモン群島も南端に近く、北方にイサベル島、東方にマライタ島、南方にサンクリストバル島がある。ガ島とマライタ島の間はインディスペンサブル海峡といい、相当重要な航路であった。ガ島は北西から南東に横たわる島で、その北東面に向かい合っている小島がフロリダ島。ツラギは、このフロリダ島の北西岸にある港で、ガ島に向かい合う位置にある。そのツラギと対して、ガ島の北東面海岸に良港が一つある。これをルンガ港という。

日本海軍が、このルンガ地区に飛行基地を建設しはじめたのは、昭和十七年のミッドウェー敗戦直後で、六月中旬であった。同時に、対岸のツラギ湾には、水上機基地を建設中であった。ガ島には第十一、第十三の二個の基地設営隊（第八艦隊所属）を送りこみ、岡村徳長少佐が指揮官であった。これは軍人のほとんどいない集団で、約二千五百人の設営隊員がいた。別に陸戦隊一個中隊（三百人？）が駐屯していた。

ガ島の飛行場建設で思い出すのは、日本軍の土木工事がほとんど人力だったのに対して、米軍はブルドーザーその他の機械で戦場土木をやっており、日本軍の一千人が一ヵ月で仕上げる工事を、彼らは一台のブルドーザーで、数日間に完成してしまうという離れ技をやってのけたことである。日米戦争は、あらゆる面で日本が負けた戦いである。まず精神構造で段違いだった。謀略でも格段の差があった。物量ときては、もうお話にも何にもなるものではない。その物量戦のなかには、土木戦を一枚くわえる必要がある。また機械文明の格差という面では、特に通信器材の進化の差が致命的となった。

その土木戦の貧弱きわまる一例が、この岡村少佐の飛行場建設である。六月中旬から奮闘努力の末、八月五日ようやく長さ千メートルあまりの飛行場を作り上げたのだ。岡村はほっとして「すみやかに飛行機おくれ」と、艦隊司令部へ電報を打った。

ソロモン群島を含む地区は、南洋方面を大きく二つに分けて、内南洋と、南東方面とし、この南東方面に属していた。ミッドウェーの大敗後、井上成美中将指揮の第四艦隊が内南洋を、三川軍一中将指揮の新設の第八艦隊が、この南東方面の作戦を担任していた。

八月五日に右の無電を受けた第八艦隊が、ただちに飛行機を送っておれば、ガ島の戦況は一変していたと思われるが、このときはたぶん飛行機がなかったのか、一機も送られてはいない。さらにお粗末なことには、五日、六日と天候が悪く、ツラギの飛行艇は哨戒をおこたった。というのは、ガ島上空へは七月中旬から、しきりに米軍哨戒艇が飛来していたのである。もともとツラギはソロモン群島の一中心で、交通上の要路にあたっていたが、ガ島の方はカナカ族の散在する島にすぎず、日本海軍が飛行場適地さえ発見しなければ、まだまだ何百年でも、世界中から忘れられている島だった。そういう島の上空を米軍機がしきりに飛び出したのだから、岡村少佐はもっと心配すべきだったし、対岸ツラギ基地の海軍部隊も、もう少し「やる気」を出すべきだった。

ツラギには兵員約七百人、飛行艇五機、水上戦闘機五機があり、山砲と機関銃を若干持っていた。これとガ島ルンガ地区の陸戦隊を合わせても、兵員約一千人、とても大兵力の敵に対抗できるはずがなかった。それにしても、敵が来るとすれば、ほとんどここしかなかったのに、第八艦隊はいったい何をしていたのだろう。

このとき米軍でも、この方面に有力な飛行基地を求めていた。たまたま七月四日、一偵察機が、ガ島に日本軍が飛行場を作っていることを発見した。見ると、まさに絶好の地形だ。そこで南太平洋方面の指揮官ゴムレー提督は、さっそくガ島奪取の計画にとりかかった。こうして周到に準備をととのえた米軍は、ヴァンデグリフト少将指揮の第一海兵師団、第二海兵連隊、第一襲撃大隊、第三防衛大隊という約一万七千人の大兵力を、輸送船二十三隻に分乗させ、第六一機動部隊司令官F・J・フレッチャー中将の指揮するタスク・フォース三群（空母三＝サラトガ、エンタープライズ、ワスプ、戦艦一、重巡六、軽巡二、駆逐艦十六、その他）に護衛させ、日本軍が飛行場完成の無電を打ったのを合図に、大挙襲来してきたのである。

五日、六日と日本軍が哨戒をおこたった、その翌日――七日未明、日本軍にとっては〝突如〟米軍がガ島とツラギに殺到してきた。

「戦艦一、空母二、巡洋艦三、駆逐艦十五隻護衛のもとに、輸送船三、四十隻の米有力部隊、ガダルカナル及びツラギに奇襲上陸を決行。現地警備隊および設営隊は苦戦中。六時（午前）には、ツラギ守備隊は最後の決意をせり」

という無電が、第八艦隊に届いた。この飛電に愕然とした連合艦隊では第二、第三艦隊の大部分をラバウルに急進させ、第十一航空艦隊司令部も、マリアナ群島のテニアン基地からラバウルへ進めた。その日のうちにラバウルを飛びたった第二十六航戦の五十余機は、米軍上陸部隊を攻撃し、駆逐艦二隻大破、敵機四十六機撃墜の戦果をあげた。

第八艦隊司令官・三川軍一中将はただちにテニアンからラバウルに急行、同七日の午後三時三十分、みずから艦隊を率いてラバウルを出発した。重巡「鳥海」「青葉」「加古」「衣笠」「古鷹」、軽巡「天龍」「夕張」、駆逐艦「夕凪」の八隻で、単縦陣で急進、翌八日の午後十一時ごろ、ガ島とサボ島の中間まで進出した。

このとき、米軍側では、水陸両用部隊指揮官ターナー少将の旗艦マックコーレー艦上で、ヴァンデグリフト少将、英海軍から派遣された援護部隊指揮官クラッチャー少将らが、今後の作戦について会議をしていた。

そこへ三川艦隊が、北西方から殴り込みをかけた。水艇機が照明弾を投下し、日本軍得意の水雷攻撃と近距離砲撃を集中した。攻撃開始は九日午前一時四十五分ごろ。約三十分後の二時十五分には、大勢は決していた。米軍は一発も撃たず、ただ呆然としていたのである。

米重巡クインシー、ヴィンセンズ、アストリア、豪重巡キャンベラの四隻は撃沈。巡洋艦シカゴ、およびラルフ、タルボット、パターソンらの駆逐艦が大中破した。

巡洋艦五、駆逐艦六の米艦隊は、まったく嘘のように、たった三十分で壊滅したのである。三川中将は得意満面、ミッドウェーの仇を取ってやったとばかり、ただちに反転、北東の針路をとって離脱しようとした。

これを察知した「鳥海」艦長・早川幹夫大佐が「長官！　反転してもう一度攻撃しましょうッ」と、意見具申した。が、三川司令官はそのまま離脱した。これが第一次ソロモン海戦である。

なぜ三川が引き揚げたかというと、敵空母が近くにいたので、夜が明けると攻撃される危険があったからだといわれている。この場合、何とも批評できないが、このときガ島海岸では、二十数隻の米軍輸送船が揚陸中であった。

海軍戦術の大局的精神には、勝ちをおさめれば早目に引きあげて、その勝ちをまっとうしようという考え方があったらしい。南雲が〝一撃退避〟した精神も、この三川の進退も、海軍戦術なのだろうか。山口多聞少将、源田実中佐など、再攻撃を主張した人たちもいるにはいたのだが……。

しかし、三川の恐れた敵機動部隊は、このとき補給のため南方遠くに退去中だったのである。

また、この三川中将の引き揚げについては、元大本営報道部員であった平櫛孝陸軍大佐が、『大本営報道部』（NF文庫）の中で、つぎのように述べている。

「三川中将は、ラバウルにいる第十七軍当局が、常にアメリカ陸軍の戦力を軽視し、敵が上陸しても、陸戦になればあっさり勝てると豪語していたことを内心不満に思っていたが、それならこの貴重な艦隊の危険を賭してまで米陸上部隊（海兵隊）ののっている輸送船を沈める必要なしとの反骨精神から、輸送船には目もくれず、さっさとラバウルへの帰還命令を出した。陸軍も愚かな放言をして海軍のヘソを曲げさせたものである。だいたい、こういう強がり放言をする武将ほど、実力はたいしたものでないことは、歴史が証明している。静かなること林のごとき軍隊でなければなるまい。事実、陸軍も太平洋の各地で、このあと連戦連敗をきっすることになる」

指揮官のつまらないメンツのために、敵の大部隊の上陸を許してしまったというのだ。こんなことがその後の大きな惨劇を生むことになったとすれば、みじめに死んでいった将兵は救われない。

一方、この夜襲で約四千人の兵員と、重巡四隻を失った米軍側は、日本軍の夜戦能力に驚嘆し、やがて日本軍の夜襲を防ぐ〝電探射撃〟という新戦法を持ち出してくる。

甘すぎた見通し

これから、ガダルカナル島は一躍、世界の注目を集めることになる。

八月七日の米軍上陸。翌八日夜半から強行された三川艦隊の大夜襲。このため米軍の海軍勢力は一時後退し、チャーチルの表現によれば「できるだけ陸揚げをやった後は、一万七千人の海兵隊員を、強力な敵のいる島に、しかも空からの援護もなしに、そのまま残して後退した」のである。

はじめ三川中将は、ラバウルの海軍陸戦隊五百人をガ島へ急派するつもりでいた。ところが、ガ島泊地へ敵輸送船の攻撃に出かけた第七潜水戦隊（第二十一、二十六、三十三潜水隊。旗艦は「迅鯨」）の報告で、敵が意外に大兵力なので、この陸戦隊五百人の急派は取りやめとなり、当然、岡村少佐以下の設営隊約二千五百人と、陸戦隊一個中隊は、全滅を余儀なくされた。

これは、三川長官が岡村以下を見殺しにしたというのは酷かも知れない。

そのため三川は、長官みずから艦隊を率いてガ島泊地へ殴りこみをかけているわけだ。しかし惜しいかな、ガ島海岸にあった米輸送船二十数隻をみすみす見のがし、引き揚げを急いでしまった。

五百人ぐらい送りこんでみたところで、とうてい大勢をささえきれるものでもないし、むざむざ殺しにやる手はなかったのである。かといって、おいそれと救援に向け得る兵力は、第八艦隊にはなかった。当時の状況を考えれば、これ以上の策はなかったといえよう。しかし、それから後が全然いけなかった。

第八艦隊だけの手にはおえないと見て、三川は連合艦隊に救いを求めた。ここで問題は大本営にうつる。第一次ソロモン海戦の報告に接した大本営では、ただちに対策を決めた。ところが、さきにポートモレスビー攻略をやりかけているので、これを途中でやめる気になれなかった。以前、MOをやりかけて途中でやめたあの苦い体験から、今度こそMOの初志をつらぬこう、というわけだ。

前には、米軍側はまだ攻勢に出る気配はなく、強引にやれば、成功する可能性もあった。しかし今は事情が変わっていた。敵は優勢なタスク・フォース二群を背景に、マリン（海兵隊）の精鋭一個師団以上の兵力をもって、はじめて日本軍の占拠地区へ逆上陸してきたのだ。これは、アメリカがいよいよ正面きって、反攻の火ぶたを切ってきたものであるから、この出鼻をくじくためには、日本軍も相当の決心を必要とする場合だった。陸海軍とも、相当の予備兵力を急遽結集し、ガダルカナル島で一大決戦をやる覚悟をするべきだった。

それなのに、今度は、やりかけた一件がやめられず、モレスビー攻略と、ガ島作戦とを、二本立てでやる気になったのだ。うまくいけば、二本立ての快感は相当のものだが、失敗すればとりかえしのつかないことになってしまう危険を秘めていた。

さて、その二本立てに充当する兵力だが、一万七千人の陸軍を使うことにした。これは、ガ島へ上陸した米海兵隊が一万七千人だから、同数でいこうなどという、そんなハッキリした根拠から割り出した兵力ではない。例によって「これくらいあれば、何とかやれるだろう」式で決められたものだ。その一万七千人も、一度に集中使用するのではなく、小出しにぽつりぽつりと投入することになった。しかも、肝心のガ島の方へは六千人を割り振り、一万一千人はモレスビー攻略の方にまわした。なぜ、こういう間の抜けたことをやったのか。

海軍側は、ガ島に上陸した米軍兵力を約二千人と推定していた。この二千人という敵兵力の判断が、すべてを狂わせてしまったのである。岡村の電報には「輸送船三、四十隻の米有力部隊」とあるのに、なぜ二千人になったのか、それはもはや永遠の謎だ。

三川中将は殴り込みをかけて、敵艦隊を実際にやっつけているのだから、およそのことはわかりそうなものである。それほどの艦隊が、わずか二千人ぐらいの兵員を護衛して動くものかどうか、素人でもわかるはずだ。当時は、連日、飛行機が攻撃していたのだから、この方面からでも、どれほどの兵力が上陸しているのか、だいたいのところは推定できそうなものである。連日おびただしい補給船が、ガ島へ往復しているというのに、なぜ二千人と断定したのか。

これには、たぶん先入観の魔術が作用している。日本軍では、アメリカの本格的反攻開始は昭和十八年以降と考えていた。で、昭和十七年の八月早々といえば、半年ないし丸一年も、予想より早かったわけだ。そこで彼らは、ガ島へ米軍が上陸してきたのは「偵察程度だろう」と、考えている。誰一人、この時点では、ガ島があれほどの激戦場になろうとは、考えてもいなかった。

この大戦中、玉砕した島々は無数にあるが、ガ島の争奪戦だけは瞠目すべき激烈さであった。この南溟の一孤島の争奪戦こそ、日米戦力の均衡が明らかに逆転したことを証明した一戦であった。ミッドウェーの敗戦だけでは、まだ日本海軍首脳部では、アメリカに負けるものとは考えていなかった。それは戦場の一波乱にすぎず、今に逆転できるという気持の方が強かった。しかし、ガ島はそうではない。日米双方、陸海空の余力のほとんど全部を互いに投入し、その飛行基地一つを争奪し合ったのである。やがて力つきて、ガ島を撤退した日本には、もはや何をする余力もなく、ただ玉砕と特攻で日をかせいだまでのことで、ズルズルと敗戦まで押し流されてしまうのである。ガダルカナル島は、そういう、きわめて象徴的な戦場であった。

ガ島へ米軍が上陸したことについて、その意味するものを天皇は感じたのだろうか。そのとき日光にいた天皇は、米軍ガ島上陸と聞くと、ただちに東京へ帰るといい出した。あわてた側近の者が、永野軍令部総長を呼んだ。天皇は「それはアメリカの本格的攻撃が、はじまったのであろう」というのに、永野軍令部総長は、「敵の反攻態勢はまだ整備していないので、このたびの上陸は偵察程度のものでしょう」と、希望的判断でもって答えている。

しかし天皇は、どうしてもアメリカの反攻がはじまったと、感じていたようである。

「もし本格的上陸であったとしても、アメリカ軍は、日本軍に比較して戦力が劣り、わが陸海軍が協力して攻略すれば、ガ島の奪回は、さほど困難ではありません」

とも、永野はいっている。これが永野の本心なら、その愚かさはここで説明するまでもない。もし作為だとすれば、それは〝海軍の威信〟のためだったのだろうか。

こうして、海軍と陸軍の悪戦苦闘がはじまるのである。

第二次ソロモン海戦

大本営で、一万七千人の陸軍部隊を派遣すると決まっても、そうそう将棋の駒のようには動かない。編成、装備して輸送船で運ぶのだから、その間を何とか海軍の方でつないでおく必要があった。

三川中将が一撃しはしたが、米軍はガ島へ続々と物資を送りこんでいた。あまりにも多くの艦船が沈められた水道（サボ島とガ島の間）に、米軍では「アイアン・ボトム水道」という名をつけていたが、このアイアン・ボトム水道へ駆逐艦四十四隻を乗り入れて、ガソリン、爆弾、軍需品、基地要員などを一挙に揚陸したこともある。米軍はなかなか勇敢なのだ。日本軍が考えていたのとは大違いだった。八月二十一日には、空母一隻が接近し、急降下爆撃機十二機、戦闘機十九機を揚陸した。早くも飛行場を作り上げていたのだ。

岡村少佐が二千人以上の隊員を使って、約五十日かかった飛行場を、彼らはたった三日のうちに概成させた。兵舎その他の必要施設も数日で組み立て、十日もたつと、堂々たる大空港になっていた。米軍では、飛行場に必要な諸施設を、組み立て式（滑走路までが、組み立て式の、鉄またはアルミニウムの網だった）にして、ちゃんと運びこんでいたのだ。

そこに飛行場を構えられてみてはじめて、日本海軍では、ガ島の貴重さが痛感された。これから、たがいに、地上兵力の増派、補給船団の往復、その船団の護衛艦隊、さらに艦隊を支援する機動部隊と、総力をあげての死闘がはじまるのである。

さきに、連合艦隊ではただちに第二、第三艦隊の大部分をラバウルへ進めた、と書いておいたが、この第二艦隊は近藤信竹、第三艦隊は南雲忠一の両中将が司令長官であった。

南雲機動部隊は解消したが、この南雲の第三艦隊に、今ではピカ一となった第一航空戦隊（旧第五航戦で、「翔鶴」「瑞鶴」をもつ）が属していた。草鹿参謀長が山本大将に頼んだ「もう一度、雪辱戦をやらせて下さい」というのを、きき入れてもらった形である。

ラバウル進出を命じられた南雲艦隊は、第二航空戦隊の空母「龍驤」を配属され、これを含めて空母三隻という、当時の日本としては精一杯の機動部隊であった。この新鋭艦隊が内地を出たのは、八月十六日であった。

このころ、ミッドウェー島へ上陸する予定で北海道旭川から出動し、作戦失敗のためグアム島に引き揚げていた例の一木支隊が、内地帰還の出港をしたとたんに米軍のガ島上陸となり、針路を百八十度転換、ガ島に向かって投入されていた。

八月十八日、上陸した一木支隊主力は、弾薬・食糧とも最少限しか持っていなかった。これは大本営以下が敵兵力を過小判定していたためで、いくら海軍の方で「第二、第三艦隊の到着を待って、その支援下に攻撃してはどうか」といっても、やっと内地を出たばかりの艦隊を待っていられるはずがない。

とにかく早くケリをつけなければ、支隊には食い物も弾丸もなくなってしまうというので、二十日夜襲と決定した。

南雲艦隊の支援などは、すぐこの後の第二次攻撃でわかるとおり、あてになるものではなかった。一木支隊長の決心は、そう悪くはなかったのだが、どっこい敵は一万七千、けたちがいの火砲と戦車を並べて、日本軍を待ち受けていた。戦いは一瞬にして終わった。飛行場周辺を完全に要塞化しており、スコールさながらに降りそそぐ弾丸の下で、日本兵は何もせずに死んでいったのだった。上空一面で吊光弾がフワフワ動いていた。一木支隊の将兵は、真昼のような明るさの地面で、身動きもできなかった。

猛射がやみ、吊光弾が一つ一つ消えていった。累々たる屍が赤く、黒く、あった。やがてふたたび闇となり、死体の中から何人か動き出しては退却した。生存者が何人いたのか、大部分はもう物質にかえっていた。その夜が明けた八月二十一日、ついに米軍は地上機三十一機を送り込んできたのである。

こうしたソロモン方面の戦況に、ようやく山本長官は戦艦「大和」を内地から出した。八月十七日の午後であった。これから連合艦隊はトラック島に常駐するのだが、山本の入港は八月二十八日の午後である。

そのころ南雲は、第三艦隊を指揮して、ソロモン群島に向かって北東から南下していた。これは陸軍の第二次上陸部隊がガ島の真北約五百カイリの地点にいたが、上陸は二十五日の予定だった。その二十三日の正午には、ガ島の真北約五百カイリの地点にいたが、敵情については何一つ知らなかった。何とも無気味なので、その日はいったん北上、翌日ガ島基地を叩くつもりでいた。「雪辱戦を――」とはいったものの、草鹿参謀長にも何ら妙手はなかった。

いよいよ二十四日零時。第八戦隊と「龍驤」を先行させ、本隊は午前四時、ふたたび南に転針した。このとき米機動部隊は、ガ島の北東方と南方に分かれ、ガ島に対して約二百カイリをおき、近づいては遠ざかるというピストン運動をしていた。こうして、日本軍がガ島へ近づけば、ただちに攻撃しようとの構えだった。そのことは大体予想されていたのに、しかもなお捜索を入念にやっていない。

ガ島北方二百五十カイリを行動中だったフレッチャー提督は、その哨戒機で「龍驤」を発見した。このとき空母ワスプを給油のため南方へやっており、エンタープライズとサラトガの二空母で、日本軍を先制攻撃した。

「龍驤」はガ島のヘンダーソン飛行場攻撃に十五機を出した直後で、直衛機が九機しかいなかった。午後になったばかりのところだったが、空中戦はまたたく間にケリがつき、「龍驤」はあっけなく撃沈されてしまった。

その後、「翔鶴」も敵の急降下爆撃機に攻撃されたが、何とかかわして逃げのびた。まだ敵空母の位置は不明だった。ずいぶんたってから、前衛部隊の「筑摩」の水偵二機が、ともに敵機動部隊を発見した。位置はガ島の北東五十カイリにあるシチュワルト島付近である。

「空母二、戦艦二、巡洋艦二、駆逐艦十六」

という報告だった。もちろん、出動だ。

第一波は関少佐指揮の艦爆二十七、戦闘機十。第二波は高橋大尉指揮の艦爆二十七、戦闘機九であった。このときサラトガの艦攻、艦爆は、「龍驤」攻撃に出かけて留守だった（これは南雲が「龍驤」をオトリにしたともいわれている）が、フレッチャーは用意周到だった。ワイルドキャット戦闘機の全力、五十三機を、直衛として上空に飛ばしていたのだ。おまけにレーダーが、北方から近づく日本機をいち早くキャッチしており、残っていた雷爆撃機の全部を発進させ「さあ来い」と待ちかまえるだけの時間があった。

まず米軍戦闘機の方から不意に襲いかかる、という開幕であった。日本機の方は、たった十マイル離れていたサラトガに気がつかず、エンタープライズ（キンケード少将指揮）のみに集中攻撃した。

ところが、その防空火網の凄まじさに、雷撃機は一機も射点に入れなかった。爆撃機の一部がようやく爆撃を敢行したが、これもたいしたことはなかった。すでに搭乗員の質はミッドウェー以後低下しはじめていた。

そのうち三機が敢然とエンタープライズにたち向かい、ようやく三弾を命中させた。これでエンタープライズの飛行甲板は破れ、エレベーター二個を破壊、一部は艦内の隔壁を破壊して、舷側から浸水させる被害を与えた。これまでの攻撃時間約六分。雷撃機と爆撃機の大半は、敵戦闘機から逃げるのがやっとで、情けない結果だった。第二波は敵を発見できなかったといって、全機無事帰還した。

これが「龍驤」一艦をオトリ（少なくも犠牲）にしての、草鹿式〝雪辱戦〟のてんまつである。正式には「第二次ソロモン海戦」という。これで、上陸部隊の送り込みは延期となった。チャーチルはこの一戦を「勝敗のつかない戦闘」といっているのだが……。

エンタープライズは一時間後には、わずかな傾斜を直し、二十四ノットで走っていた。日本とアメリカにはこれだけの大差があった。もはや空母対空母でもダメだ。敵にはレーダーがあり、母艦の自衛力が強大で、応急修理の技術は、日本のドックなみである。それが用心深く常に捜索機を八方へ飛ばせており、直衛機を最大限に配している。これは南雲や草鹿と米軍指揮官の優劣だけではなく、国力の差が歴然と戦いにあらわれたものといえよう。

しかしこのとき、エンタープライズを小破させていなかったら、今度は第三艦隊がやられてしまうところだった。フレッチャーは戦闘を中止し、ただちに戦線を離脱していた。

実質はともかくも、表面上は、まだこの時点では、ガ島を中心として、日米の戦勢は伯仲していた。双方とも駆逐艦、潜水艦その他をくり出し、一兵でも多くをガ島へ送りこみ、一弾でも多くを揚陸しようと、必死だった。基地航空隊もほとんどラバウル方面に集中し、ニユーギニア北東岸各地の飛行場もフルに使用された。

八月二十九日、ついに第二次上陸部隊が上陸に成功した。これは一木支隊の残部と、海軍陸戦隊であったが、こういうこきざみの戦力投入では何の役にも立たない。このくらいの兵力しか送りこめないのなら、この辺でガ島作戦を打ち切った方がよかった。つぎつぎに小部隊を持っていったのでは、各個撃破されるのは決まりきったことだ。こういう戦術上もっともタブー視されていることをやっていたのだから、兵隊は際限もなく〝消耗〟されたのである。

この第二次上陸部隊は、ほとんど何もしていない。しかし生きているかぎり、彼らは毎日の食糧を必要とする。その食糧補給でも、全海軍の力をもってしてもなおかつやれないという事態へ、一歩一歩近づきつつあった。

陸軍では、たぶんこのころになってようやく、ガ島の敵が〈二千〉ぐらいではないらしいことに気がついた。そこで川口清健少将の指揮する歩兵一個連隊基幹の川口支隊を送りこんだ。

本当は、もうこの時点では、ニューギニア作戦（モレスビー攻撃）を中止するか、別個の軍で担当させるべきだったのだが、依然として百武晴吉中将指揮の第十七軍（一万七千人）に、ガ島とモレスビーの二正面作戦をやらせていた。この遠い重大拠点二つを、百武中将はどのように統一指揮できるのか、それさえ考えてはいないのだ。第十七軍はかくて支離滅裂……しまいには、どこに誰が生き残っているのやらサッパリわからないという状態になってしまう。

川口支隊がガ島へ揚がったのは、九月四日であった。総攻撃は十日と予定された。そこで第二、第三艦隊はガ島北方に展開、陸軍の合図を待ち、ガ島に突入、敵を艦砲射撃で吹き飛ばし、川口支隊の攻撃を支援しようと構えていた。ガ島第二次攻撃である。ところが、川口支隊では容易に攻撃態勢がととのわず、一日、一日と延期した。こうなると、ガ島の哨戒線スレスレでピストン運動ばかりしていることになり、第二、第三艦隊は非常に危険な状態となった。しまいにはトラック島の山本長官までが「もういい加減につっこんだらどうだ」と、艦隊司令官にいう始末だった。しかし南雲は九月五日、あっさりトラック島へ引き揚げてしまったのである。

いよいよ九月十三日の夜、川口支隊は、ヘンダーソン飛行場南方にある〝血染めの丘〟に沿って行動をおこした。これも、待ちかまえていた米軍の曲射砲、臼砲、機関銃その他で掃討され、ニミッツによれば「日本軍の損害千五百人。米兵四十人戦死、百三人負傷」という結果に終わった。

米軍の電探射撃

「日本海軍は今や海上の決戦を求めていた」と、この昭和十七年八月末ごろの戦局を、チャーチルはいっている。

アメリカ海軍は、ガ島南東約五百カイリの、エスピリット・サント島を拠点としており、日本軍はガ島北方約六百カイリのラバウルが基地であった。この百カイリの差は大きかった。航空基地を少しでも前進させる必要があった。そこでブーゲンビル島のブカに急遽飛行場を作り、第三艦隊から、新郷少佐の指揮する戦闘機三十、攻撃機三を分派した。第二回ガ島攻撃に失敗した八月二十六日現在の海軍基地航空戦力は、驚くなかれ、たった五十二機にすぎなかったのである。

ここで日本軍の重大な過誤に気づかなければならない。日本では、ほとんど敗戦の瞬間まで、陸軍と海軍が別々の戦争をしていた。つまり日本の国防態勢は双頭の蛇だったのである。これでは総力戦にはならない。国民はみな国家のために耐乏し、戦場では生命を惜しまず働いたのに、戦争の遂行は常に二元的（ときには、それぞれ部内の対立のため、より多元的）であった。重点が二つ以上あった。それぞれがバラバラで、互いに密接な連係をはかるようなことはなかった。

艦艇は夜になるとガ島泊地へ進入し、敵を攻撃したり、味方への補給を敢行し、夜明けまでには敵の哨戒圏外まで逃げ出すという、必死の活躍をつづけていた。これを米兵は〝東京急行〟と呼んでいた。

その東京急行はしかし、たった十五分間のうちに、地中海でヨーロッパ人を唸らせた空母ワスプ、最新式戦艦ノース・カロライナ、および駆逐艦オブライエンの三隻を、相ついで雷撃し、致命的損傷を与えているのである。ノース・カロライナこそ修復されたが、他の二艦は結局、撃沈になっている。八月末日にはサンクリストバル島東方で、哨戒中のフレッチャー機動部隊の空母サラトガが、日本潜水艦に雷撃され、修理のため三ヵ月間、戦場を離脱していた。

この一時期、米軍にはホーネット一隻しか、空母がなかったときがある。無傷の戦艦はワシントンだけで、一大危機だったのである。ニミッツとマッカーサーの両将は「ヨーロッパ戦線を犠牲にしても、太平洋戦線に主力を注ぐべきだ!」といい出している。ワシントン作戦本部のキング提督も賛成する始末で、チャーチルなどは目の色を変えて、ルーズベルト大統領に懇願している。が、当時、北西アフリカ上陸作戦の準備中(十一月八日開始)で、ルーズベルトはそれを優先的に推進している。

アメリカは、日本が一国をかけての危機点としているガ島の大争奪戦を、ヨーロッパで一大作戦をやりながら、じっと持ちこたえている。米軍側がこういう苦境におちいっている事実を、日本は何も知らなかった。ワスプの撃沈だけは、イ号第一九潜水艦から報告されているが、他は一切、無報告であった。イ号第一九潜水艦の報告にしても、あまり信用しておらず、今にもワスプが襲いかかってくるのではないかと、関係者一同びくびくものだったのである。

死闘はニューギニアでもつづいていた。独工第十五連隊は、ついに標高四千メートル以上のオーエン・スタンレー山脈を踏破し、九月中旬にはポートモレスビー付近まで進出した。が、モレスビーはとれなかった。そこにはオーストラリア第七師団の二個旅団(旅団は日本の歩兵連隊よりやや大きい)が配備されており、イミタ・リッジというところでストップしている。これから大敗走がはじまるわけで、今だに生死不明の者が少なくない。

また、ニューギニア最南端のミルネ湾付近で、オーストラリア軍が飛行場を建設していたのを、八月二十六日、日本海軍の陸戦隊約二千人が攻撃、これを奪取しようとしたが激戦二週間。半数以上が死に、半数近い生き残りは、密林の中へさまよいこみ、大半が行方不明になった。

が、それら後続部隊を信じて戦った人びとは、まったく見放されていた。というのは、ガ島とモレスビーの二本立てはどうもぐあいが悪いというので、ガ島の第二回攻撃の失敗後、ニューギニア方面はいったん打ち切ることになったからである。MO以来、二度目の中断である。

航空兵力は、この時期、ガ島上空でこそ米軍が有利だったが、総体的には、日本の搭乗員や整備員の敢闘精神によって、ほぼ伯仲していた。双方、出撃につぐ出撃で、この時期に撃沈された双方の輸送船の数は膨大な教にのぼっている。ガ島へ投入されるべき彼我の多数の兵士が溺死したのである。まさに「両軍とも必死の攻防戦」（チャーチル）となった。

十月十一日の夜、五藤存知少将の率いる第六戦隊（重巡三、駆逐艦二）は、ガ島への増援兵力を乗せた船団を護衛して、北西方からガ島に向かって進んでいた。サボ島の北西約八カイリの海上で、どういうわけか、敵艦隊の真っただなかにいた。

これはノーマン・スコット少将指揮の陽動艦隊で、東京急行を誘引して脱線させるのが任務であった。というのは、このころアメリカ側でもガ島へ増援兵力を投入中で、そのときニューカレドニア島から、海兵隊三千人を護送中であった。この護送にあたっていたのは、空母ホーネット、戦艦ワシントンを中心とする機動部隊（タスク・フォース）で、スコット艦隊（巡四、駆五）は相当離れたコースを陽動航行していたわけである。

夜戦に慣れたわが将兵の目が、、まだスコット艦隊の一艦さえ認めないのに、いきなり一斉射撃をくらった。見ると敵艦列は、わが艦隊に対してT字形の理想的隊形をとっている。射弾ははじめから正確だった。

五藤艦隊では、とにかく敵の発射光を目当てに応射したが、それこそ闇夜の鉄砲、弾着も何もわかるものではなかった。それでも命中弾があり、爆発をおこした艦影から、それが重巡であることを確認した。さらに他の一艦にも命中したが、これは爆発せず、艦型は不明だった。

五藤艦隊は重巡「古鷹」と駆逐艦「吹雪」が沈没。旗艦「青葉」も多数の命中弾を受け、五藤少将は戦死した。そのうち、敵の駆逐艦が一隻、彼我の中間へ進み出たので、たちまち敵味方の砲撃を集中されて轟沈した。

まぐれ当たりの戦果があったとはいえ、この海戦により、日本海軍自慢の〝夜襲〟は、もはや今後、通用しないことが決定的となった。米軍は、日本人には見えぬ闇のかなたから、じっと日本側の動きを正確にキャッチしており、思いのままの態勢をととのえてから、どっと打ちかかってきたのだ。

これが最新式のＳＧ式電探射撃というシステムで、電波探知機を利用した無照射射撃（探照灯をつけずに射撃すること）である。日本軍の相つぐ夜襲の猛烈さにへきえきしたアメリカが、急遽開発し、装備した新式電波兵器であった。

日本軍とアメリカ軍の体質の差は、このＳＧ式電探射撃が象徴している。日本海軍は、ワシントン会議で五・五・三の主力艦比率を押しつけられたとき、悲憤慷慨する海軍士官たちを一喝して「訓練に制限あるか！」といった東郷平八郎の言葉が、ほとんど〝海軍精神〟となっていた。物質的に不足する部分は、精神力でカバーしようというのだ。それ自体は悪くない。しかし、それはいつの間にか「カバー」の方が主役になっていく。

東郷平八郎が〝訓練〟の神様になり上がったのは、日本海海戦の大勝利のあと、大国ロシアの海軍を撃滅した驚異を、世界中の人たちからたたえられ、その秘訣を問われているうちに、いつしか「猛訓練によって得た一発必中の腕前だ」というような返答が固定してきた。すると言葉の魔術で、いつしか本人がそれを〝信念〟にしてしまうことになったのであろう。

では、東郷は本当に訓練の力で、日本海海戦をやったのかというと、けっしてそんなことはない。東郷艦隊は文明器械力の威力で、バルチック艦隊を撃破したのである。そのときロシア艦には、レンズ入りの照準具がなかった。これに対して、東郷の艦隊はレンズ入り照準具を装着していたから、いくらロシア軍がねばってみても、命中率に大差が出るのは当然だったのである。

こうして、ワシントン会議以来、日本海軍の枝葉末節を強め、根本を腐らせてしまった非科学的な精神主義は、この「サボ島沖海戦」（米軍側は「エスペランス岬沖海戦」と呼称）で、無残に粉砕されたといってもよい。

もはや海軍得意の〝櫛風沐雨《しっぷうもくう》〟の猛訓練などは、何のたのみにもなりはしなかった。日本軍得意の水雷夜襲も、ただ死にに行くだけのことだ。いま日本の運命を挽回し得るものがあるとすれば、それは大和魂でも精兵でもなく、実に飛行機と電波兵器だった。山本も南雲も草鹿も、電波兵器だけはよほど欲しかったのだろう。南雲の第三艦隊が八月十六日、内地を出航するとき、「翔鶴」の艦橋上方には、国産第一号のレーダー（二十一号対空見張リレーダー）が取りつけられていた。刻々と迫りくる祖国安危の一瞬を前に、性能的にはまだまだ疑問点もあるレーダーを見上げて、山本は、南雲は、草鹿は、どんな気持だったろうか。

サボ島沖海戦に奮起した南雲は、翌々十三日の夜、第二、第三艦隊を出動させて、第三戦隊の高速戦艦「金剛」と「榛名」の巨艦二隻を支援し、これをガ島泊地へ肉迫攻撃させた。両巨艦は脇目もふらず猛進、ガ島に肉迫して、ヘンダーソン飛行場を火の海と化し、付近一帯の敵陣地と思われるあたりを、畑をたがやすように打ち砕いてしまった。これは高性能焼夷弾の三式弾というのを、三十六センチの主砲でつぎつぎに四百発も撃ち込んだのである。この両艦決死の猛砲撃に乗じて、陸軍の第二師団の基幹部隊、約四千七百人が、ガ島へ無事上陸した。

このころ、米軍側もサモア島から約四千五百人を送りこんでおり、いよいよガ島をめぐる争奪戦は熾烈となる。

第三艦隊の旗艦「翔鶴」の艦上で、南雲中将は浮かぬ顔をして、遠い水平線のかなた、ガ島と思われるあたりをにらんでいた。「赤城」の生きのこり村田少佐と山田大尉が、飛行甲板後部の飛行機発着指揮所から、巨大なレーダーを仰いでいた。艦橋の一番高いところにある、長方形の、障子の骨みたいな化物だ。

「こういう奴が出てきては、スコール雲を利用して近づくなどは、バカげとるぞ」

と、村田がいう。飛行機乗りは一体に口が悪いが、この村田は特にそうだった。

「一直線に行って帰るだけですよ」

村田は、ちらッと大尉の横顔を眺め、うっすら笑ったようだった。

彼らは、ほとんどものにこだわらない。いまいったことでも、五、六分たつと忘れていることさえある。これが〝母艦屋〟気質だ。

「長官は近頃、元気がないですな」

「ミッドウェーさ」と、村田。

「ガ島のアメ公らは、機械で飛行場を修理しやがる。あの『金剛』『榛名』の艦砲射撃の翌朝、もう飛行機が飛び立つんじゃァ、処置なしですネ」

「処置なしだ」

「陸軍は本気でやるんですかネ」

「わかるもんか。総攻撃を日延べするということが、あるもんか」

「前の部隊も、日延べしたですよ」

「だから、やられたじゃないか」

「あれはしかし、三千人ぐらいですよ。てんで無理ですよ。アメ公は一万五千でしょう」

「わかるもんか。敵情判断が狂っていなかったことは、まだ一度もないぞ。陸さんにしてみりゃァ、はじめ二千人というから、一木部隊なんかを揚げたんだ」

「運が悪いですねえ、あの部隊は」

「どっちみち、誰も同じさ」

「『大和』が出てきとるそうですネ」

「お飾りさ。後方三百カイリだろう」

「しかし今度は、司令長官も本気ですよ。命令はみな、突撃、撃滅ばかりじゃないですか」

「『大和』が突撃してみればわかるさ。ミッドウェーなどの攻略は、あれほど俺たちが反対したんじゃないか。とりたきゃァ、自分でとりゃァいいじゃないか。世界無敵だろう」

山田が、少佐の腕を小突いて、目配せした。草鹿参謀長が甲板を歩いてくる。それきり二人は黙りこんだ。

このころ、日本軍では、ガ島の敵兵力を一万五千、ツラギには約六千と判断していた。これは、ほぼ実数に近い。当時、両島合わせて二万三千人ほどが送りこまれていた。その判断の上に立って、第二師団が増派された。一木支隊、川口支隊、青葉支隊（那須弓雄少将指揮）など、みな半死半生になっており、いくらつぎこんでもヘンダーソン飛行場一つとれなかった。

ジャワ作戦で那須兵団として活躍した、仙台第二師団の第四連隊の将校などは、「ガ島は一週間作戦ですよ」と、口々にいっていたという。しかし彼らはガ島がどこにあるのか、どういう敵がいるのか、どういう地形か等々、何一つ知らなかったのである。九月十三日の攻撃で、川口支隊ともども木ッ端微塵になり、はじめて日本軍より強い軍隊が、地球上にいることを知ったのだ。

以来、他方面にも内地にも皆目知られていなかったが、ガ島に関係した日本人にとっては、この島はもはや〝魔の島〟になっていた。十月六日、第二師団が急遽送りこまれたころは、海軍も陸軍も例外なく、そういう悲観ムードにつつまれていた。が、新着の第二師団は伝統ある精強師団で、将兵みな自信満々だった。この大兵力の集結が終わったのは十月中旬で、その間の輸送には、少なからぬ犠牲があった。特に、泊地へはいった輸送船が狙われやすかった。夜のうちに物資・弾薬をおろし、朝までには相当距離を突っ走ろうというのだから、容易なことではなかった。速度のおそい輸送船は、八分がた撃沈された。そこで駆逐艦や潜水艦が輸送を担当する場合が多く、それだけ戦力をマイナスされるので、山本長官以下いらいらしはじめていた。今度こそ、というので、海軍はずいぶん無理をして、この陸軍部隊を送りこんだのである。

第二師団の総攻撃は十月二十日と予定されていた。師団長・丸山政男中将が上陸した直後の電報では「予定の揚陸完了。士気大いにあがる」とあった。この「予定の揚陸」が、今まで、なかなかうまくいかなかったのだ。弾薬・食糧・資材の多くが海没したし、時間が足らず、船に積んだまま去ってしまうというケースが少なくなかった。で、右の電報が届いたとき、山本長官以下「あるいは今度こそ――」と感じていた。

その二十日の総攻撃を支援するため、南雲艦隊は総出動しており、機動部隊は、攻撃日を期してヘンダーソン基地を爆撃するため、約二百カイリ北方付近へ進出した。すると十九日になって、攻撃を一日延期するとの電報が来た。あわてた機動部隊は反転してガ島から遠ざかり、敵機の攻撃を避けた。敵はPBYカタリナ飛行艇を広範囲に飛ばしており、ほとんど毎日、南雲艦隊は触接されていた。彼らはもし機動部隊の行動範囲内に入れば、いつでも攻撃しかけてくるつもりなのだった。

二十日になると「もう一日延期。二十二日決行」との無電が来た。

二十二日、いよいよ全機出撃というときになって、さらに二十四日に延ばす、との連絡だった。これでは、海軍側がむかつくのも道理だ。陸軍のように単純には、艦隊は行動できない。油に問題があるのだ。いつ敵と決戦になるかも知れないので、決戦用燃料と、補給基地までの燃料がなければ、途中からでも給油に帰らなければならない。それも、陸海協同作戦である以上、全艦を引きあげるわけにはいかない。かといって、油の少ない艦だけで航海させるわけにはいかない。常に大小各種の艦艇を組み合わせて動かす必要があった。たがいにおぎない合う関係にあるからだ。

ついに「大和」艦上の山本大将がおこって、「そんなに何度も変更されては困る」といってやると、「海軍の協力がなければ、陸軍は独自の行動をとる」との返答だった。〝独自の行動〟というのが、飛行場攻撃を意味しているのならよいが、ジャングルごもりをはじめるのだとすると、その食糧の補給だけでも大変である。

しかしついに、二十三日には「準備完了。勝算われにあり。御安心をこう」との無電がきた。かくて待望の十月二十四日、第二師団の精兵はいっせいに猛攻の火ぶたを切った。「翔鶴」の艦上は静まりかえっていたが、突然、飛行場占領の報が入り通信長が大声に電報を読み、叫んでいる。

しかしこのとき海軍の第三、第四水雷戦隊は、ガ島泊地へ侵入していったが、すでに通信連絡がうまく取れなくなっていた。飛行場占領というのは誤報らしく、戦場の様子はただごとではなかった。攻撃するどころではなく、たちまち飛行場から敵機が舞い上がり、逆に攻撃されることになった。あわてて回避しようにも、吊光弾が第四水戦を逃さず、上空は暗くて敵機は見えず、またたくまに旗艦「由比」は沈没。他の一艦も損傷するという結果に終わった。

この夜襲に失敗した第二師団は、しかし翌二十五日にも三方面から猛攻し、一時はヘンダーソン飛行場を攻略するかと思われた。海軍からも巡洋艦二、駆逐艦四が、ガ島に接近、砲撃を加えて支援した。が、感情のもつれからか、艦隊行動上できなかったのか、ついに南雲機動部隊からの出撃支援はなかった。

この第二師団の奮戦もむなしく、堅固な米軍のガ島陣地は、ついに抜けなかった。

連合国側では、どういうことになっているのか、チャーチルは「今や陸上における戦闘のクライマックスである。一九四二年十月十九日から十日間、密林で戦いつづけた海兵隊は、自分たちの地点をガッチリ守りながら、日本軍を次第に追いつめていった」と、書いている。こういう戦闘経過ではなかったように、日本では伝えられているのだが……。

その十月二十五日、南雲艦隊の索敵機は、はるか南方にあたって戦艦二、巡洋艦四を発見した。山本長官からは「ただちに南下して敵を攻撃せよ」との訓電が届いた。これまで何度も長官からは〝つっこめ〟の督促があったが、一度も南雲はつっこんでいない。が、このときだけは、草鹿参謀長に向かい、「やろう!」といった。

「明朝、敵有力部隊から先制攻撃を受けるのを前提として、南下します」と、参謀長は悲痛な表情だった。

「もちろんこちらも、必ず敵をたおすつもりですが!」

こうして南雲艦隊は、二十ノットの速力で南下しはじめた。ときに午後六時。ガ島北東、約五百カイリの地点であった。

このころアメリカ側では、ゴムリーにかわってハルゼー提督が、南太平洋方面の指揮官になっていた。またフレッチャーにかわってキンケイド提督が、ホーネット、エンタープライズを基幹とするタスク・フォース二群を指揮していた。そのキンケイドのタスク・フォース二群は、このときガ島の東方四百カイリにあるサンタクルーズ諸島付近にあり、日本軍を攻撃し得る距離にいた。キンケイドは昼夜ともに長距離偵察機（ＰＢＹ飛行艇）を飛ばせていた。その一機が、二十五日から二十六日にうつって間のない夜間、南雲機動部隊を発見した。ここに「南太平洋海戦」の死闘が突発するのである。

決戦を求めて

二十六日がはじまって一時間ほど経過したばかりだった。南太平洋の波は穏やかで、南東の水平線上に青ダイヤ色の巨星が一つ、燦然と輝く。竜骨座の主星カノープスだ。「瑞鶴」の通信室では、非常に鮮明な電波をキャッチしていた。

「これは、ごく近い電波だぞ」

「方向は——わからんなァ。真上から来る」

「真上？」

通信手の一人が立ち上がった、そのとたん「瑞鶴」の真近で爆弾が三発炸裂した。

「総員配備につけ！　対空戦闘——」

スピーカーがキンキン鳴る。艦上を大勢の足音が交錯する。艦の後方に水柱が三本、ぬうッと星明かりの海上に直立し、頂上部がふくれ、まさに崩れ落ちようとしていた。距離は約百メートル。至近距離だ。

が、射手が配置についたころには、もう敵機は遠のいていた。星の光を隠しては、黒い影がよぎっていくように見える。しかし実際には、機影は見えないのだ。

「長距離捜索機だ。ＰＢＹだ」という声が聞こえる。

「ちぇッ。夜間偵察に来て、ついでに爆撃しやがるとは太い野郎だッ」

が、この爆撃は、敵にとってはミスだった。せっかく隠密に相手機動部隊を発見しながら、わざわざ「こっちは発見したぞ」と予告したようなものだ。この水柱は、ずいぶんはなれて走っていた「翔鶴」からも、夜目にも白くハッキリ見えた。艦橋休憩室にいた南雲長官は、爆音を聞くと同時に、だっと走り出し、「参謀長ッ、すぐ反転北上！　赤、赤ッ」と叫んだ。

「赤赤」というのは信号区分で「左緊急一斉回頭」ということだ。

敵機は一機で、それらしい姿も見えず、ＰＢＹ飛行艇であることは爆音でわかっていた。それにしても、スイッチを切って滑空で接近したのだろうか。たぶん飛行機にもレーダーを装着しているに違いない。しかし——と、草鹿は考えていたところだった。しかし、国産電探（レーダー）が相手をキャッチしないうちに、飛行機の小型レーダーがこちらをキャッチするようでは、と草鹿は暗い前途に胸がふさがっていた。

草鹿は〈勝つ方法〉を創造しなければならない地位にあった。が、南雲はそれよりも、部下全艦のいのちを握っていた。この地位の差が、この一瞬に発現したわけである。草鹿はレーダーに思いをはせ、南雲は反射的に、全艦の安全をはかったのだ。艦は速力二十四ノットで反転北上しはじめた。

山本長官が再三「つっこめ」と指令する心境はわかるが、南下してつっこめばたちまちこのとおりだった。敵は常に、ガ島付近を攻撃圏内に置いて行動しているのだ。それを襲撃するには、方法は一つしかなかった。それも、成功する公算は非常に少ない。つまり、特攻システムで、全機、往復分の燃料で往路だけを突進させるのだ。その相手の位置は、しかし、カンだけが頼りだった。ほかに何か良策はないものか、と草鹿は寝ても覚めても考えつづけていた。

この、「瑞鶴」上空で発信された索敵機の無電を、米第一六機動部隊司令官キンケイド少将は、サンタクルーズ諸島付近で受けた。すぐハルゼー提督に連絡すると、折り返し指令が届いた。

「攻撃圏内にある以上、反復攻撃せよ」

ただちにエンタープライズから、索敵機がつぎつぎに飛びたった。ときに南雲艦隊（近藤艦隊をともなう）は、北上中であった。もはや敵機の来襲は覚悟しなければならない。いつ索敵機を発進させるかが、草鹿の苦心するところだった。しょせんは敵の先制攻撃を受ける身だった。しかし「こちらも必ず敵を倒す」と、長官に誓ってあるのだ。刺し違えとは情けない戦法だが、それ以外に、今の日本の機動部隊に何ができよう。

このとき源田参謀は転出しており、源田一人がやっていた仕事を二分し、新しく航空参謀と作戦参謀を設置し、それぞれ内藤雄中佐、長井純隆中佐が任命されていた。両人とも俊才だったが、日本海軍の現状では、起死回生の妙策などがあるはずもなかった。

「日の出一時間前に第一段、日の出と同時に第二段の、二段索敵にします」と内藤参謀がいう。

方法は早くから決定していた。二段索敵というのは、第一段は未明の洋上を飛ぶので、完全に捜索海面を見渡すことは不可能だ。そこで夜が明けてから第二段を出し、第一と同じコースを飛ばせるのである。このときの艦隊形は、ミッドウェーの苦汁から生まれたもので、各艦とも非常にひろく散開していた。後衛には阿部少将指揮の戦艦二、重巡一、駆逐艦七がしたがう。前衛は原少将指揮の重巡一、駆逐艦一が進む。

前衛機と空母機を合わせて二十四機の索敵機が派出された。各空母とも、索敵機を出すと、ただちに攻撃機を待機位置に出した。万一、索敵機からの報告のないうちに、敵に攻撃される場合は、そのまま発艦させるのだ。直衛機は艦隊上空を旋回中。時間は刻々とたち、朝食を終わった。緊張のうちにも全艦二十四ノットで驀進している。

と、敵の艦載機が二機、艦隊上空にあらわれた。しきりに無電のキーをたたいているのが、通信室に傍受される。暗号で、意味はもちろん不明。直衛戦闘機が矢のように追う。しかし、偵察機の方がはやい。キーンと、かん高い音をひいて、鮮やかに艦隊上空をよぎっていく。零戦が四方から追う。敵機は北東方に走り、いきなり一転して北から南へ一直線に飛んだ。「翔鶴」の右方を走っていた空母「瑞鳳」の真上にかかるコースだった。

おや？　と、草鹿は一瞬首をかしげ、しまったと思った。対空戦闘を命じるべきだった。まさか偵察機が——という先入観で、このとき全員、敵の二機を眺めていたのだ。偵察機の任務は、敵を発見して無電を打てばよい。日本軍ではそれさえすめば、帰ってくるか、目標に接触していればよいということになっていた。しかし、もしあの偵察機が爆弾を積んでおれば、爆撃のできないことはないのだ。

一瞬、敵機は爆弾を機体から離した。いいコースだった。また一つ……。

「やられた！」草鹿は観念した。「瑞鳳」は、まるで悠々と直進していたのだ。

ダン！　ダン！　つづけざまに二弾、「瑞鳳」の至近海面で炸裂し、水柱が「瑞鳳」に浴びせかかった。しかし、命中はしなかった。

零戦は狂気のように追いまわしたが、敵機は、すうーッ、すうーッと、あざやかな直線を曳いては飛び、ついに去った。沈鬱なひとときが過ぎた。もはや敵の大編隊は、正確にこちらを指して飛びはじめているにちがいない。

午前四時四十五分、飛電一閃。「敵空母見ゆ」の報が入り、ただちに「出撃用意！」の態勢に入り色めきたった。

「敵空母一。その他十五。針路北西」

南東方に向かった「翔鶴」機からの無電であった。

「攻撃隊発進！」南雲は躊躇せず命令した。飛行機を一秒でも早く発艦させるのが最上であることは、ミッドウェーの苦汁で、もっとも痛感させられたことだった。

第一航空戦隊では、前夜から飛行機にガソリンを満タンにして戦闘準備をととのえていた。関衛少佐の指揮する第一波（九七式艦攻十八。九九式艦爆二十二。零戦二十七）六十七機が南東さして発進したのは五時十五分であった。雷撃隊長村田重治少佐、仲よしの山田大尉らは第二波だ。これが当時の海軍を代表する攻撃隊であった。みな手に手に帽子を振り「しっかりやれえ。頼むぞうッ」と、声のかぎり叫んだ。それは、ただ母艦乗りの熱望であったばかりではなく、全海軍将兵の祈りの声でもあった。

「第二波攻撃準備急げ！」

草鹿の目も、心なしか血走って見えた。この一挙にかかっているものは、劣勢化しつつある日本海軍機動部隊の志気を高め、また近代戦の意義を全国民に示し、飛行機の生産と、機械文明に対する心眼を開かせる、貴重な戦訓を作り出すことであった。

それからしばらくして「百五十度。敵機二機こちらに向かう。距離近し！」と、見張り士官がどなった。

草鹿は、ぎょっとして南東の空を見た。Ｂ17索敵機だ。見なれた、あの悠々たる風貌で、三番艦「瑞鳳」に向かっていた。何をする間もなく、Ｂ17は二弾を投下した。不意打ちである。一弾が「瑞鳳」の飛行甲板後部に命中し、そこの鉄板が無残にめくれ上がった。

「『瑞鳳』へ。ただちに攻撃隊を発進させ、南東の敵機動部隊を攻撃せよ」

草鹿がどなり、信号兵が手旗を振る……。

草鹿のカンはあたっていた。「瑞鳳」の飛行機は無事であった。つぎつぎに発艦した。

「第二波攻撃隊、まだかッ」草鹿は足を踏み鳴らして叫ぶ。

「準備完了――」村田少佐だった。

「よしッ。発進！」

艦攻十二、艦爆二十、零戦二十七の五十九機は、十分後には編隊を組み、みるみる南東さして遠ざかった。ときに午前六時。

　もはや成功、不成功は草鹿の力の範囲外のこととなった。この上は、攻撃隊の力量を信じ、敵空母を撃破するものと予定して、敵残艦の撃滅に全艦突進させるのみだ。それが山本長官の熱望している「つっこめ」だった。

「長官。つっこみます！」

「よしッ」

　南雲も、全身これ闘志だ。「翔鶴」のマストにするすると突撃の旗旒信号が上がり、風になびいた。防御を指揮する運用長が「これで少々の爆撃では沈まないぞ。格納庫を点検せい。油やガソリンのはいっている空罐は、みな海に捨てろ。ホゴや木造物、紙類、空箱など、全部捨てろ」と指示する。その捨てられる物は、机から椅子、本箱、果物箱等々、なかには、畳や長大な材木まであり、運用長を驚かせた。

「翔鶴」の速度は二十五ノット。おくれじと右側に「瑞鳳」、左に「瑞鶴」が走っている。針路は南東。艦長・有馬正文大佐は見張所にたつ。敵機が来れば、回避運動を指揮するのだ。前衛、後衛とも約二十カイリ間隔で全力疾走中。今度こそ、と一同、敵必滅を期しての、猛突入であった。

南太平洋海戦

　南雲はともかく、航空戦専門の草鹿参謀長が、なぜこのとき「つっこんだ」のか、その真意は、わからない。航空戦で敵母艦を撃破できるかどうかは、未定のことだった。それを前提としてつっこんだのは、あまりに日本人的だった。もし完全に敵母艦を撃沈したとしても、五百カイリ以上へだてて突進を起こしたのでは、とうてい追いつけるはずはない。徒労に終わるだけだ。それはすでにミッドウェー攻撃で世界一の巨艦「大和」が何ら役立たなかったのとまったく同じだ。大艦巨砲主義――戦艦による決戦を〝海戦の決め手〟と、決めてかかっている先入観の産物であろう。これは最後まで、日本海軍の頭から消えることはなかった。再三「つっこめ」と、ハッパをかけ通していた山本五十六も、この幻影から脱却してはいない。たぶん草鹿にも、艦隊決戦の〝すばらしさ〟が、心の一隅にこびりついていたのかも知れない。

が、日本側は見込みを前提として行動していたが、アメリカ側はそうではない。南雲艦隊の行動は、すべて手にとるようにわかっていた。これでは、たとえ攻撃隊が大成功しても、とうてい、南雲らの願望はかなえられるわけがない。もし攻撃隊が惨敗したら、いよいよ重大な運命におちいる。それというのも、日本はこの時機、チャーチルのいっているように「今や海上の決戦を求めていた」からである。

もっとも、連合艦隊としては、それ以外に現戦局を挽回する手がなかった。求める決戦で敗れたら、日本は負けるしかないのだ。しかし万一、大勝すれば、日本は、この戦争を戦い抜くことができるかも知れなかった。山本らはそう思っていたのだ。このままジリジリ押されたのでは、とうてい日本に勝ち目のないことはわかっていた。

米軍第一波の攻撃は、わが前衛の第十一戦隊に加えられた。旗艦の「筑摩」は被弾、艦橋部を破壊され、艦長以下相当数の死傷者を出した。しかし、機関部には何の故障もなく、先任士官が指揮して猛進をつづけていた。その他は、広間隔のためと、防御戦闘および操縦の巧妙さにより、被害はほとんどなかった。

近藤、南雲の、第二、第三艦隊は猛進をつづけている……。

午前六時半ごろ、その前衛部隊から「敵の大編隊、主力方向に飛ぶを認む」との通報が来た。

「対空戦闘用意！」

「翔鶴」では、艦長の有馬大佐が見張所に立ったので、航海長の塚本中佐が操舵する。対空火砲は無気味に動きはじめ、刻々と鬼気は高まる。やがて空の一点に、ぽつッと斑点が見え、ぐんぐん編隊の正体をクローズ・アップし、たちまち嵐のように銀翼が襲いかかってきた。直衛戦闘機は縦横無尽に暴れまわり、つぎつぎと敵機をたたき落としはするが、何しろ敵の機数は多く、とうてい手がまわらない。

上空に雲が一つあった。「翔鶴」は、その雲の陰の中を走っていた。横に走っていた駆逐艦の後方に、突然、水柱が上がった。マストの三倍ほどの高さだった。雲の上に敵機がいるのだ。ぬっと一機、躍り出したと思うと、駆逐艦に向かって急降下した。ぐいッと駆逐艦は体を傾斜させ、今にも転覆せんばかりの姿で、左旋回した。だーん！　と、艦尾すれすれの海面に炸裂した。と、一編隊が雲を突き抜けた。「翔鶴」は、まさに雲の陰の中から、陽光の中に進み出たところだった。塚本中佐は左に急旋回させた。全艦の火砲五十あまりがいっせいに火を噴いた。が、その弾幕をものともせず、敵機は一列になって落ちかかってくる。そのとき、横手から零戦が一機、矢のようにつっこんだと思うと、そのまま敵の一番機へ体当たりした。パッと火の色が飛び散り、二機が一つになって落ちた。

「あッ」と、一同声をのんだ。が、その爆弾が、まさに「翔鶴」に向かって殺到するのだ。黒点が見る見る拡大する。何発あたったのかもわからなかった。やたら艦が震動し、爆裂音が前後左右にはじけた。ひときわ大きな爆発音とともに、二万七千トンの巨体が持ち上がったような感じで、ぐらぐらッと動揺した。

それがとまったときは、あたりはもう静かな、平和な南の海であった。猛火につつまれた旗艦「翔鶴」の艦橋で、草鹿はすぐ「旗艦変更」を考えたが、ミッドウェーにつづいてのことなので、長官の心理を計りかね、ちらッと南雲を見やった。

南雲は双眼鏡で、海面を見渡していた。他艦の損害を確かめているのだ。草鹿は、ふと気づき、信号手の方へどなった。

「旗艦被弾せるも軽微。各艦状況知らせ」

艦の中央部から後方にかけては、もうもうたる黒煙が艦尾へ流れていた。煙の逃げ場がなくなると誘爆しやすいので、艦長は風上に向かってフル・スピードで艦を走らせていたのだ。十七本のホースを、飛行甲板の上に引いていていたが、これが全部使えたので、水兵たちは必死で消火にあたった。しかしすでに艦は誘爆しはじめていた。

「長官――」といいかけたところへ、

「参謀長。『瑞鶴』艦長は一時、指揮をとれ」と、南雲がいった。

（わかった。当分、様子を見よう）

草鹿は、通信長に電文を書いて渡した。

「瑞鶴」艦長・野本為輝大佐は、通信設備のほとんどない「瑞鶴」艦上で指揮を継承すると、そのまま南下突進をつづける。全員、あくまでも「つっこむ」つもりなのだ。「翔鶴」の速力は落ちず、並行して走りながら、乗員一同、必死で消火にあたっている。いま空母一隻を失うのと、大破とはいえ基地まで持って帰るのとでは、日本にとって重大なわかれ目だ。副長は全身まっ黒になり、八方へ走っては消火作業員を励ましている。有馬艦長は見張所を降りず、部下の働きを見おろしていた。

やがて火の手は次第にしずまり、水兵の声が高まり、誘爆はやんだらしかった。

「長官。旗艦を変更して戦闘指揮をとって下さい」と、草鹿は巧みに持ちかけた。

「ん……本艦の見込みはどうだ」

「消火確実ですが、修理に、トラック島へ早く帰さなければなりません」

「よし、『嵐』へ移る」

第四駆逐隊の旗艦「嵐」が招かれた。

「『翔鶴』はトラック島へ回航！」と草鹿が命じた。

有馬大佐は長官を見送りに甲板へ降りたっていたが、

「飛行甲板だけの破損です。機関も砲も無傷ですから、同行して最後まで戦いますッ」

と、草鹿に食ってかかった。志は壮とすべきだが、一艦でも母艦を帰しておきたいのが、草鹿の本心だ。

「いかん。通信装置がやられとっては、戦闘の邪魔だ。艦長ッ、トラック島回航！」

有馬は長官を見た。南雲は無言。一つうなずいた。有馬は無念げに口を結び、うつむいた。

と――「瑞鶴」の手旗信号が、敵空母二隻撃破と送信してきた。「ばんざァい」と声が上がり、消火員は真ッ黒な顔をなでまわしている。

第四駆逐隊司令・有賀幸作大佐は、最後の「大和」艦長で、その日本海軍の悲劇の象徴ともいうべき巨艦と運命をともにした人物である。南雲以下が駆逐艦「嵐」に移乗し終わったときには、もう「瑞鶴」の姿は見えなかった。有賀大佐は大声に「『瑞鶴』を追えッ」と号令する。「嵐」はたちまち艦体を波うたせて全力疾走した。

「瑞鶴」では、つぎの戦果が入電していた。「空母一、戦艦一、撃沈！」報告を総合すれば、攻撃隊は自爆六十九（撃墜されたものも含む）という必殺の攻撃で、敵空母ホーネット、エンタープライズ、他に艦名不明の一隻と、三隻とも撃沈。新式戦艦サウス・ダコタも撃沈。さらに巡洋艦二、駆逐艦一を撃沈したことになる。しかし実際に沈没したのは空母一（ホーネット）、駆逐艦一だけで、エンタープライズは二発の爆弾を受けたものの、なんとかニューカレドニアのヌーメア基地に引き揚げている。この海戦は、太平洋戦争中に日本の空母が敵空母を沈めた最後の戦いとなった。以後、日本の空母戦は下り坂の一途をたどっていく。

このとき、不時着機二十三機を含んで、九十二機が還らなかった。百二十六機出撃して、三十四機しか還らないというのは、この隊員中にミッドウェー生き残りの者が多かった証拠で、はじめから還るつもりはなかったのかも知れない。しかし日本は巨大な損失をこうむった。これらの隊員こそ、実はもっとも日本海軍の欲しかった〝熟練工〟ばかりなのだった。これは一年や二年では養成できない。これから後の攻撃隊はもう、このような戦果を上げ得ない者ばかりだったのである。

「瑞鶴」は、「翔鶴」の飛行機も収容した。しかし尾翼に三本線のある村田少佐機も、山田大尉機もなかった。たぶん「まっすぐ飛んでいった」のだろう。草鹿のいちかばちかは的中したのだ。今や全艦つっこむのみ！　終夜、南を指して走った。

二十七日の夜明けがた、南雲の乗艦「嵐」は、「瑞鶴」に追いついた。「瑞鶴」は、改装空母「隼鷹」以下を率い、何が何でも敵艦隊に追いすがろうと、猛進また猛進したが、追いつけるものではなかった。ただ前衛部隊の第十戦隊駆逐艦「巻雲」と「秋雲」が、炎上中のホーネットを発見、これを雷撃して撃沈しただけであった。それでも、この東京初空襲以来の宿敵を、生きて帰すのと、ここで撃沈したのとでは、ずいぶん大きな差になるのだ。せめて、これだけが、山本長官の突進号令が上げた成果であった。

二十六日の午後からは敵機の来襲もなく、この二十七日朝の索敵飛行でも、敵空母どころか空母機さえ発見できなかった。そのうち燃料も少なくなってきたために、南雲は追撃を中止、意気揚々とトラック島へ引き揚げた。少なくとも空母三隻、戦艦一、巡洋艦二、駆逐艦一を撃沈したものと思っていたのだから、無理もない。しかし、この一瞬こそ、ガ島攻撃の唯一のチャンスだった。

日本の敗戦には、あまりにも多くの要因があり、必然すぎる悪戦苦闘史ではあったが、局面的には、戦勢を一時逆転し得るチャンスもあったのである。そのもっとも大きな戦略的失敗は、無用なミッドウェー攻撃計画であり、戦術的にもっとも重大なポカは、このとき意気揚々と、トラック島へ引き揚げてしまった一事である。このとき連合艦隊が総出動して、ガ島のヘンダーソン基地周辺を吹きとばしてしまいさえすれば、ソロモン海一帯の制空・制海権はわが手中に帰し、米豪軍の反攻は出足をくじかれ、戦局は別の経過をたどったかも知れない。

——以上が、日本海軍としては最後の、勝ちいくさだった。しかし、ここでガ島奪取戦をやらなかった日本軍には、永遠に勝機は訪れなかった。これを「南太平洋海戦」という。

ニミッツ提督は、この一戦の失敗を率直に認めながらも「日本側は、人員・機材の補充が困難であったが、アメリカ側は、急速に増大するパイロット、航空機の生産力の急増によって、日本を凌駕《りょうが》した」と結論している。なおそのあとで「ガ島飛行場は依然としてアメリカ軍が保持し、日本軍は、アメリカ軍の十倍の損害を出した」と、つけたしている。彼ら米軍側にとっては、この南太平洋海戦は、ガ島の戦局と別個のものではなかったのだ。

南雲以下も、そもそもの起こりは、ガ島援護作戦に発しており、敵機動部隊の存在のため、ガ島へ存分に近づけなかったのだから、いったんその目の上のコブを除去した以上、ガ島へ殺到してもよかったのではないかと、筆者は思う。

十月二十八日付朝日新聞は、この海戦の大本営発表（二十七日午後八時三十分）を一面に大々的に掲げ、「南太平洋海戦・ソロモンの大戦果　帝国艦隊、敵有力艦隊を撃滅　わが海軍部隊辛苦の作戦、米海軍空前の大反攻潰ゆ」などと景気のいい見出しが並んでいる。しかし米軍の反攻は〝潰えた〟どころか、ニミッツのいうとおり「ガ島飛行場は依然としてアメリカ軍が保持し」ていた。八月以来、二ヵ月半余にわたって、日米海空軍がほとんど全力を出し合って、死闘しつづけていた争奪点は、ガ島であったのに……。しかし、すべては過去へ流れ去った。

「ミッドウェー惨敗に対する南雲部隊の雪辱戦となったこの海戦」と、松島慶三氏は『悲劇の南雲中将』のなかに書いている。もし南雲自身が、いささかでもそういうことを考えていたとすれば、これほど笑止なことはない。愚劣きわまる考え方だ。そういう考え方からすれば、トラック島へ引き返すのも当然だ。そして、嘘か本当か「南雲中将は、その研究会の席上、はじめて笑顔を見せた」（同書）ことだろう。が、散っていった百余人の願望は、決して南雲中将の〝雪辱戦〟をやりたかったわけではなく、アメリカを撃破したかったのである。

しかし――日本は破れ去った。その要因については、すでに述べた。日本は、破れるべくして破れたのである。この南太平洋海戦の戦果を知った連合艦隊司令長官・山本五十六大将は「海軍の大戦果に呼応し、このさい一挙に敵を撃滅されたし」と、ガ島の陸軍へ無電を打っている。

「わが方、損害きわめて大。これを補うべき予備の一兵もなし。作戦を中止す」というのが、陸軍の返答であった。この簡単すぎる電文からは、ガダルカナル島の第二師団以下の陸軍将兵の惨状はわかるまいが、那須少将以下、第二師団の連、大隊長、中、小隊長とも、このとき戦死していた。敗残の日本兵は傷病者ばかりで、すでに食糧もつきかけていたのだ。忘れ得ない〝餓島戦記〟が、このときすでにはじまっていたのである（拙著『ガダルカナル決戦記』参照）。

まわりには、送りこむことのできる援兵もなかった。その一事は陸軍の落度だ。しかし実際には、相当の予備兵力を、適当な地点まで運ぶことは、海軍の方でもできなかった。それら、すでに現実として横たわっている情勢は、すべて肯定して、つぎの方策を打たなければならないのが戦争だ。陸軍が作戦中止するのなら、海軍もトラック島へ帰るというのでは、あまりにも無責任である。

ガ島は、海軍の生命線ともいうべき地点だった。陸軍がやらないのなら、ガ島は放棄するというのだろうか。

日本陸海軍につきまとっていた確執が、この作戦にもあらわれている。それは、このガダルカナル島で幾多の兵たちを飢餓に追いこみ、死に追いやったのである。

最後のあがき——第三次ソロモン海戦

十月二十八日午後三時、「瑞鳳」「翔鶴」はトラック島へ入港した。こうして引き揚げてはみたが、すぐ「しまった！」と思うことになる。しかし、もはや手遅れだった。アメリカ側ではちゃんと、作戦の重点をガ島に置いているので、空母をうしなうと、危険をおかして艦隊の主力をガ島へ送りこんでいるらしかった。

こうなると、ガ島の一飛行場の価値は絶大で、うかつには殴りこみもかけられず、いよいよ陸からの攻略を熱望した。まったく重大な失機だった。ガ島は、やはり海軍の死命を制する地点であった。

そこで十一月になって、陸軍にスマトラから第三十八師団（長・佐野忠義中将）を転送し、第二師団以下の残兵と合おせて、第四次総攻撃を決行してもらうことにした。支援は充分にする約束だった。当然、この師団のガ島輸送には、海軍は、ありとあらゆる艦船を動員し〝運送屋〟をやらなければならなかった。そのため、いよいよ戦力を削減され、飛行機の消耗は国内生産力をオーバーするという状態におちいり、もはやアメリカの充実した膨大な戦力を、防ぐすべはなかった……。

十一月十二日夜、戦艦「比叡」と「霧島」が、ガ島泊地に突入した。しょせんこういうことになるのはわかりきっているのに、さきの戦果に乗じて突入しなかったことが、かえすがえすも惜しまれる。

両戦艦が突入してみると、はたして敵艦隊が入泊しており、大夜戦となった。米軍側は指揮官キャラハン提督も、次席のスコット少将も砲弾に倒れ、四隻の駆逐艦と重巡アトランタが沈没したが、日本軍も「比叡」は大破し、舵機の故障で動けず、翌朝アメリカ雷撃機によって撃沈された。駆逐艦も「暁」と「夕立」の二隻が撃沈され、戦果は大体、五分五分であった。翌日の夜も、巡洋艦以下が殴りこみをかけたが、空母エンタープライズに捕捉され、十四日午前八時すぎ重巡「衣笠」が沈没、しかも午後には船団が空襲にさらされた（毎日新聞社刊『世界の海戦』より）。

いよいよ十一月十四日の夜、戦艦「霧島」が再度の艦砲射撃を期してガ島に南下した。ところがこれと時を同じくして、戦艦ワシントンとサウス・ダコタが駆逐艦四隻とともに北上していた。「霧島」はワシントンのレーダー射撃により「五十発の命中弾を受け」（恒文社刊『ニミッツの太平洋海戦史』）、十一月十五日の未明、沈没した。この一連の海戦で日本側は戦艦二、重巡一、駆逐艦三隻を喪失し、米軍側も軽巡三、駆逐艦七を失っている。

この三日間の海戦が、日本海軍最後のあがきだったが、ついに〝必勝〟の実は上がらず、大体五分五分の損害度に終わった。なお、佐野師団の輸送船十一隻のうち、七隻は撃沈されている。以上三日にわたる大夜戦は「第三次ソロモン海戦と呼称す」との大本営発表で、もちろん〝帝国海軍の大勝利〟になっていた。

日本海軍の奮戦は、これで終わった。アメリカを相手に、損害度五分五分の戦闘をやっていたのではとうてい長つづきするわけがなかった。チャーチルは、この「第三次ソロモン海戦」の結果について、「敵（日本）は、もはやこれまでと、勝利の望みを捨てた」と断定している。

このチャーチルのいう「勝利の望み」とは、もちろんガダルカナル島そのものをさしている。そこを放棄したということが、つまり〝勝利の望みを捨てた〟ことだったのである。

十一月十八日、第二師団の残兵と、第三十八師団の全力とは、海岸正面から正攻法をとって猛突撃を反復したが、この第四次総攻撃もまた、屍山血河に終わった。これを最後に海軍は刀折れ矢尽き、ついにガ島を放棄するほかなかった。

翌昭和十八年一月、ガ島撤退の決定をみたとき、天皇は、開戦後たった一年でしかなかった。見たことだろう。さきに陸軍の杉山元帥に対して、「汝は、支那事変のとき、一ヵ月で片づけるといったが、いまだに片づかぬではないか」と不満をのべたが、杉山は「南洋だけは三ヵ月で片づける」と大言した。

しかしこの大言も、結局は三ヵ月どころか、四年近い悪戦苦闘の末、ついに無条件降伏という事態に終わってしまった。

また海軍の永野は、ガ島へ米軍が上陸したとき、天皇が、「これはアメリカの本格的反攻がはじまったのではないか」と疑問を呈したのに、「敵の反攻態勢はまだ整備していないので、このたびの上陸は偵察程度でしょう」と、これまた杉山の言葉に負けないほどの楽観的な言葉でもって答えている。そしてその兵力を〝二千人〟ぐらいと推定して、ポートモレスビー攻略とガ島作戦という陸軍の二本立て作戦を誘発し、結局〝アブハチとらず〟ならまだしも、日本陸海軍総崩れの端緒をつくり出してしまった。杉山といい永野といい、この戦争を指導した陸海軍の最高統率者たちは、こういう状態だったのである。

昭和十八年二月一日から七日にわたる撤退作戦で〝餓島〟の残兵約一万人は、九死に一生を得て救出された。しかしもちろん、もはや戦局は重大局面にあり、彼らは内地へ帰ったわけではない。ビルマその他の戦場へ転入されていった。

　このソロモン群島中の一孤島で、敵味方何万人の兵士が死んだことか。生き残ったアメリカ兵の一人は「思い出すだけで、おののきである」と、いっている。しかし、彼らの「おののき」は、戦勝によって、真価を認められたことだろう。日本陸海将兵の苦闘は、敗戦によって、ほとんど誰からも、ほめられずじまいに終わった。

　ガダルカナル島放棄以後の海軍の戦争については、もはや大河の流れを変えることもできず、何の意味もない無駄な抵抗になり、昭和二十年の敗戦を迎えるのである。

あとがき

昭和二十（一九四五）年七月二十六日、日本に無条件降伏を要求した米英支三国共同のポツダム宣言が発せられた。日本政府がこれを受信したのは翌二十七日午前六時であった。宣言には「日本政府がこれを受諾しなければ、即時かつ完全なる破壊を加える」との警告が付記されていた。

当時、太平洋各戦域における日本の敗北は決定的となっており、連合軍の本土上陸も間近に迫った状況下で、すでに日本には何らの望みもなく、ソ連を介して和平の斡旋を依頼しつつあった。駐ソ大使・佐藤尚武は、日本の申し入れに対するソ連の回答を、一日も早く聞きたがっていたが、ちょうどスターリン首相とモロトフ外相がポツダムへ出張したため、焦慮のうちに両人の帰国を待っていたのである。

モロトフ外相の帰国は八月五日になった。佐藤大使へは「八月八日の午後五時、会見しよう」との連絡があった。右時刻は、東京では八日真夜中にあたる。ともかくも、それまで待ってみよう——というのが日本政府のとった態度である。

ポツダム宣言に付記された「即時かつ完全なる破壊」というのを、自己中心的な判断で、

「これは、まだ最後的通告ではあるまい」としていたのである。「十日や二十日は、まあ……」という次第だ。

しかし、実際は、ソ連が和平仲介の労をとってくれるかどうかについての見込みは、ほとんどなかった。そのときソ連は、二ヵ月前にドイツが無条件降伏するとともに、ただちに大軍をソ満国境方面に転送して、昭和十九年末の兵力約七十万から、二倍に近い百三十万の大兵力が、北方から満州を睨んでいたのである。日本政府でも、ソ連参戦必至とみて、苦しい中で必死に兵力を満州へ注入していた。

こういう情勢であるから、ソ連が和平斡旋の手をさしのべてくれるはずはなかったのである。にもかかわらず、自己本位にしか物事を考えられない日本の首脳たちは、「たぶん色よい返事がくるだろう」と、期待していたのだから情けない。しかも、ほかに、スイスとかスウェーデン方面から、終戦を仲介しようとの意志表示があったのに、小国では日本を有利にしてくれる力がないとの考えで、かえりみようとはしなかった。また、ソ連が拒否した場合どうするかについても、何ら考えていなかった。

そういう楽観ぶりであった。どうせ降伏するのなら、一日でも早い方が効果的で、それだけ戦場では戦死者が少なく、一般国民の戦禍も少なくてすむのに……。

結局——ずるずると大戦争に押し流されてしまった〈日本人の体質〉は、この期に及んでも何ら変化せず、そのまま戦争をやり、また終戦時の無能さをも演じたのである。

ポツダム宣言の「即時かつ完全なる破壊」というのは、日本人の身勝手な〝判断〟とは大違いで、宣言発表後十日間の余裕を与えてはくれたが、十一日目には、何とも痛烈に、象徴的に、日本へ襲いかかってきた。八月六日午前八時すぎ、世界最初の原子爆弾が広島市上空で炸裂したのが、それであった。

日本政府の狼狽は察するにあまりある。しかし、何ら為すこともなく、十日間も、ただモスクワからの電報だけを待っていたその無神経からは、こうなってもまだ〝即時〟対策に踏みきるだけの発想は望むべくもなかった。第二、第三の手段を用意していなかったことも、このさい致命的であった。「とにかく、あと二日だから、ついでにモスクワからの電報を待とう」という無策ぶりである。

八日午後五時、佐藤大使がモロトフ外相から受け取った〝回答〟は——驚くなかれ〝宣戦布告〟であった。そのころ満州では、すでにソ連の大軍が怒濤のごとく侵入しつつあったのである。

翌九日、ソ連参戦の報に接した日本政府は、ただ呆然とするばかりであった。ソ連の参戦は早くから予想されていたことではないか。何の目的もなく、数十万の軍隊をはるばるヨーロッパから極東へ送るはずがない。参戦するとしたら、それは日本が降伏する以前になるのは、当然のことであった。たったそれだけのことが、日本の指導者層にはわからなかったのである。その日、つづいて長崎へ原子爆弾第二弾が投下された。もはや処置なし！ ようやく、日本は形式主義も面子も一擲して、降伏へと突進した。

こうして、戦争終結に対する日本の無定見な行動は、あるいは防げたかも知れない二発の原爆投下と、ソ連参戦によって惹起した莫大な損害（それは戦後の世界情勢にまで及んでいる）とを、余分に派生させたのである。この救いのない日本人の体質は、現在にまで継承されている部分が少なくない。日本の社会そのものが、そういう精神構造から形成されたものであり、今でも、政治、経済、教育の各分野とも、そのいまわしい基本姿勢のままで動いているのである。

本書は、日本海軍がどういう姿勢で、戦争に没入し、遂行し、大敗したかを、開戦からガ島撤退までの海戦史を追って究明してみたものである。ガ島放棄後の戦局は、もはや日本軍の一路敗退の歴史で、本書のテーマには蛇足の観があるので省略した。

本書は、主として服部卓四郎『大東亜戦争全史』を資料とし、松島慶三『諜報太平洋戦争』『悲劇の南雲中将』、木俣滋郎『日本空母戦史』、平櫛孝『大本営報道部』、チャーチル『第二次大戦回顧録』及び『秘録大東亜戦史』のうちの、秋定鶴三、新名丈夫、中山善三郎、若月五郎、宮村文雄、三樹青生、牧島貞一、佐藤啓之、岡本博、以上九氏の手記を参考にさせていただいた。この場を借りて厚くお礼を申し上げたい。

一九八二年夏

越智春海

単行本　昭和六十七年十月　図書出版社刊

NF文庫

海軍敗レタリ

二〇一五年八月 十六日 印刷
二〇一五年八月二十四日 発行
著 者 越智春海
発行者 高城直一
発行所 株式会社 潮書房光人社
〒102-0073 東京都千代田区九段北一-九-十一
振替/〇〇一七〇-六-五四六九三
電話/〇三-三二六五-一八六四代
印刷所 モリモト印刷株式会社
製本所 東 京 美 術 紙 工
定価はカバーに表示してあります
乱丁・落丁のものはお取りかえ
致します。本文は中性紙を使用
ISBN978-4-7698-2901-0 C0195
http://www.kojinsha.co.jp

NF文庫

刊行のことば

第二次世界大戦の戦火が熄《や》んで五〇年——その間、小社は夥しい数の戦争の記録を渉猟し、発掘し、常に公正なる立場を貫いて書誌とし、大方の絶讃を博して今日に及ぶが、その源は、散華された世代への熱き思い入れであり、同時に、その記録を誌して平和の礎とし、後世に伝えんとするにある。

小社の出版物は、戦記、伝記、文学、エッセイ、写真集、その他、すでに一、〇〇〇点を越え、加えて戦後五〇年になんなんとするを契機として、「光人社NF（ノンフィクション）文庫」を創刊して、読者諸賢の熱烈要望におこたえする次第である。人生のバイブルとして、心弱きときの活性の糧《かて》として、散華の世代からの感動の肉声に、あなたもぜひ、耳を傾けて下さい。